中国体育学文库

体育人文社会学

体育旅游可持续发展研究

王　萍　朱志强　著

北京体育大学出版社

策划编辑：吴　珂
责任编辑：吴　珂
责任校对：田　露
版式设计：李　鹤

图书在版编目（CIP）数据

体育旅游可持续发展研究 / 王萍, 朱志强著. -- 北
京 : 北京体育大学出版社, 2022.1
　　ISBN 978-7-5644-3604-9

　　Ⅰ . ①体… Ⅱ . ①王… ②朱… Ⅲ . ①体育 – 旅游业
发展 – 可持续性发展 – 研究 – 中国 Ⅳ . ①F592.3

中国版本图书馆CIP数据核字(2022)第009327号

体育旅游可持续发展研究
TIYU LÜYOU KE CHIXU FAZHAN YANJIU

王萍　朱志强　著

出版发行：	北京体育大学出版社
地　　址：	北京海淀区农大南路1号院2号楼2层办公B-212
邮　　编：	100084
网　　址：	http://cbs.bsu.edu.cn
发 行 部：	010-62989320
邮 购 部：	北京体育大学出版社读者服务部 010-62989432
印　　刷：	北京昌联印刷有限公司
开　　本：	710mm×1000mm　　1/16
成品尺寸：	170mm×240mm
印　　张：	12
字　　数：	215千字
版　　次：	2022年1月第1版
印　　次：	2022年1月第1次印刷
定　　价：	85.00元

前　言

随着社会经济水平的提高，人们有了可自由支配的收入和闲暇的时间，原有的旅游模式已无法满足人们的需求，体育旅游作为一种新生事物应运而生。而且，在信息社会、经济全球化背景下，体育旅游已经成为旅游发展到一定阶段的专项旅游，其在注重健康与娱乐、休闲与放松双重价值取向的同时，对身体与精神的双重享受也越来越重视。体育旅游以其独具魅力的价值受到了广大群众的青睐，成为现代体育的新时尚。

我国不仅具有得天独厚的天然旅游资源，还有丰富的独具特色的民族传统体育文化资源。顺应当前社会生活条件下人们的旅游需求变化，认识体育旅游的价值，对合理规划、培育体育旅游市场，促进体育旅游可持续发展，推动社会进步与经济发展具有积极作用。虽然近年来我国体育旅游业已经有了长足的进步，但体育旅游市场规模较小，体育旅游消费没有成为体育市场和旅游市场消费的主流，体育旅游产品与服务单一、缺少品牌创新、区域体育旅游发展不平衡等问题仍然突出，与旅游发达国家相比，差距非常明显。体育旅游是我国旅游业的重要组成部分，深入研究体育旅游市场的现状、开发情况及可持续发展对策显得尤为重要。基于此，笔者特撰写《体育旅游可持续发展研究》一书，为我国体育旅游可持续发展提供科学参考。

本书内容共有八章。第一章至第三章着重分析体育旅游可持续开发的基本理论与发展。第一章是体育旅游科学理论基础，包括体育旅游的相关概念、国内外研究进展、特点与类型、与社会各要素的关系，以及体育旅游可持续发展的理论基础；第二章是我国体育旅游状况调查与发展探讨，包括影响人们参与体育旅游的因素、我国体育旅游资源的分布与开发现状、我国体育旅游发展的现状及可持续发展等内容；第三章是体育旅游市场开发的过程及其系统分析，主要内容有体育旅游市场细分、目标市场选择、市场开发与规划以及市场营销。第四章至第六章重点对体育旅游发展的管理及保障问题进行研究。第四章是体育旅游人力资源管理及其体系构建,包括体育人力资源概述,体育旅游人力资源的获取、配置和培育;第五章是体育旅游生态环境及其预警管理研究,包括体育旅游与生态环境,体育旅游生态环境的国内外研究进展、评价体系建设及预警管理;第六章是体育旅游安全及其保障体系研究,包括体育旅游安全现状及制约因素、常见伤害事故及处理、安全准备、安全救援体系与保障体系建设。第七章和第八章主要探究体育旅游可持续发展的典型与实证。第七章是我国各区域体育旅游可持续发展的实证分析,包括我国东北地区、西部地区、环渤海地区及东南沿海地区的体育旅游市场开发与发展;第八章对北京—张家口冬奥会契机下我国冰雪体育旅游的可持续发展进行研究。

总体而言,本书结构严谨合理,内容丰富完整,重点突出,紧跟时代,把握前沿,富于创新,具有学术性、前沿性、创新性及实用性。本书不仅注重对体育旅游市场开发的基础理论研究,而且结合现实的生态环境与安全问题,对体育旅游的生态环境预警管理及安全保障进行了全方位研究,旨在推动体育旅游与生态环境的和谐发展,同时保障体育旅游者的安全。最后,本书在理论研究的基础上进行实证探究,深入研究各区域体育旅游的具体开发运作。在实证研究方面,本书主要从体育旅游市场的现状、培育、开发和可持续发展对策等方面着手研究,从不同侧面、不同程度探讨体育旅游实证案例,对我国体育旅游市场开发、规划及运作具有借鉴意义。总之,希望本书能够在突破我国体育旅游研究瓶颈、推动我国体育旅游可持续健康发展方面发挥重要作用。

本书在撰写过程中,参考和借鉴了大量体育旅游领域的书籍和资料,在此向有关专家和学者致以诚挚的谢意。由于时间和精力有限,书中难免存在错误或纰漏之处,恳请广大读者批评指正。

作者

2018年12月

目 录
Contents

第一章 体育旅游科学理论基础

当前，随着体育事业与旅游事业的不断发展，将两者有机结合起来的体育旅游作为一种特殊的旅游形式，受到越来越多人的欢迎与喜爱。在这样的背景下，为了促进体育旅游的进一步发展，开发体育旅游市场成为当前非常重要的课题，而这一课题必须要在科学的理论基础上进行。本章主要对体育旅游的相关概念与国内外在这一领域的研究进展、体育旅游的特点与类型、体育旅游与社会各要素之间的关系及体育旅游可持续发展的理论基础几个方面加以剖析，从而为体育旅游可持续发展研究奠定坚实的基础。

第一节 体育旅游相关概念与国内外研究进展

一、体育旅游的相关概念解析

（一）体育旅游的概念解析

从字面上来看，"体育旅游"就是"体育"与"旅游"的结合。在解析体育旅游的概念之前，先要对"体育旅游首先是一种旅游活动，必须具备旅游的基本构成要素"这一观点有所了解。具体来说，这里所说的"旅游"是指其活动所具有的空间位置的移动性、目的地滞留时间的暂时性、活动内容的非营利性；而"体育"是指旅游者的活动既可以是观看体育赛事或参观体育场地设施等，也可以是在空间位置移动过程中或到达目的地后亲自从事一定的体育运动[1]。

由此可知，体育旅游是旅游和体育二者交叉渗透并结合而发生质变形成的社会时尚。

（二）体育旅游资源的概念解析

作为旅游资源的一部分，体育旅游资源必须对体育旅游者有吸引力，能够激发人们的体育旅游动机，并能进行体育旅游活动。通常情况下，可以将体育旅游对象和体育旅游设施归为体育旅游资源的重要内容。

体育旅游对象是经过人为开发的事物，或部分未经过开发的事物；而体育旅游设施则是专门为旅游者提供体育旅游活动条件、满足体育活动需求的娱乐设施和服务设施。

总体来说，体育旅游资源是指在自然界或人类社会中能对体育旅游者产生吸引力，激发其体育旅游动机并付诸体育旅游行为，为旅游业所利用且能产生经济、社会、生态效益的事物[2]。

（三）体育旅游者的概念解析

以满足精神享受或自我实现的需要为主要目的，暂时离开常住地，参加体育活动或观赏体育活动，并在此过程中进行经济消费的人，就是所谓的体育旅游者。

由此可以看出，体育旅游者的含义主要有四个方面。

第一，体育旅游者将参加体育旅游活动的目的定为满足精神享受或自我实现的需要。

第二，体育旅游者必须离开常住地24小时以上，在目的地1年以内。

第三，体育旅游者在旅游过程中必须参与或观赏体育活动。

第四，挑战自我，获得特殊旅游经历，满足精神需要，是体育旅游者的主要目的所在，同时，其还要在体育旅游过程和装备方面支出一定的经济费用。

（四）体育旅游业的概念解析

以体育旅游的大众性与特殊性为主要依据，可以将体育旅游业的概念界定

---

[1]　陶宇平.体育旅游学概论[M].北京：人民体育出版社，2012.

[2]　迈克·里德，克里斯·布尔.体育旅游[M].戴光全，朱竑主，译.天津：南开大学出版社，2006.

为：体育旅游业是以体育旅游资源为凭借，以体育旅游者为主要对象，通过提供体育旅游服务满足体育旅游者需求的综合性产业。其包含着三个方面的含义：第一，体育旅游业以体育旅游资源为依托；第二，体育旅游业以体育旅游者为主要服务对象；第三，体育旅游业是一项综合性产业，由多种行业构成[1]。

通常来说，我国体育旅游业由五个方面构成：体育旅游餐饮住宿业、交通运输通信业、旅行业务组织部门（旅行社业）、游览场所经营部门、目的地旅游组织部门。

二、国内外体育旅游研究进展

1966年，安东尼为英国体育休闲中心委员会写了一篇题为《体育和旅游》的文章。该文章对度假旅游中体育活动扮演的角色进行了简单回顾，尽管如此，其也成为最早描述体育和旅游相互联系的文献，是体育旅游研究发展过程中一个重要的里程碑。

此后，学者一直在为体育旅游研究进入正统的学术研究领域而努力。导致这一情况的主要原因是体育旅游领域存在着模糊的内涵和零碎的界定。在学术会议和专业的期刊中，很多论文都是独立的、相互割裂的研究成果，因此，很难对体育旅游知识或者理论发展有所贡献。1998年，吉布森对这个问题进行了分析，并且将很多类似的现象指了出来。

在体育旅游研究方面，对政策、研究和教育的有机整合是较为欠缺的。

（1）在政策层面，需要更好地加强体育部门和旅游机构的合作。

（2）在研究层面，需要更多跨学科的研究工作，特别是建立在体育和旅游研究现有基础上的综合研究。

（3）在教育层面，需要处理所谓的旅游专家和体育专家在相关领域的争议。

由于体育旅游研究尚未真正进入正统学术研究领域，体育旅游研究如何发展这一核心问题仍旧没有得到解决，因此，简单回顾体育旅游研究在安东尼的论文之后的发展历程，可能对该领域具有一定意义。

这里要强调的是，安东尼于1966年写的这篇论文并没有将大家深入探讨体育旅游的兴趣激发出来。因此，诺普指出，体育旅游的学术研究是从20世纪70年代开始的，而格利普提斯关于欧洲五国体育和旅游的研究，则是体育和旅游相互关

---

[1] 陶宇平.体育旅游学概论[M].北京：人民体育出版社，2012.

系研究真正开端的重要标志。该领域最早的实质性研究有很多，其中，最为主要的有两个方面：一个是格利普提斯的深层次研究，另一个是受英国委托起草的关于体育和旅游相互关系的文件。除此之外，还有一些研究者也有所成就，比如，诺普、斯坦迪文、海姆林森、威德和杰克逊。另外，很多学者也从不同的层面对体育和旅游的相互关系进行了研究。

与体育旅游相关的一些专著也相继出版，其中，1999年斯坦迪文和诺普出版的著作是最早的，之后是罗宾逊、甘荣和琼斯（2003）的著作，后者主要研究的是体育旅游的影响，书中对体育旅游的发展进行了概括性的回顾。特科、赖利和斯沃特的专著则从管理学角度对体育旅游管理和营销进行了分析。相比较来说，在Channel View出版社出版的欣奇和海厄姆的专著中，作者提出了有关体育旅游发展的前瞻性观点。

体育旅游的研究主题在很多国际会议上都有着较为突出的表现。1986年，英国体育委员会举办了游憩管理研讨会。该会议是最早把"体育旅游"作为主题研究的会议之一，会议对旅游过程中体育活动的角色进行了讨论，并以伯明翰申请主办奥林匹克运动会为例，从实践角度对体育旅游的问题进行了讨论。后来，体育旅游成为2001年休闲研究学会大会和2002年欧洲体育管理代表协会的专门议题。美国于1997年首次召开了体育旅游年会，随后又召开了伊利诺斯体育旅游大会。从组织角度上来说，国际奥林匹克委员会（IOC）和世界旅游组织（UNWTO）于2001年2月联合召开的首届世界体育和旅游大会是最具代表性的。

时任国际奥林匹克委员会主席萨马兰奇应邀出席了在巴塞罗那举行的体育和旅游大会。与体育旅游的很多学术研究一样，本次大会对体育旅游的影响和管理问题进行了重点讨论。为本次大会准备的报告主要有两篇：一篇是关于体育旅游发展的简介，该报告里并没有涉及体育旅游前沿进展的研究；另一篇则是关于荷兰、德国、法国体育旅游偏好的案例研究。在本次大会上，国际奥林匹克委员会和世界旅游组织在体育旅游方面深入合作的迹象并没有显现出来。

但是，从某种意义上来说，这次联合大会对体育旅游发展中遇到的问题都有着不同程度的揭示。其中较为典型的内容有三个方面：第一，大会过多局限于对体育旅游的影响、管理和市场营销的讨论，许多内容缺乏理论支撑；第二，就大会准备的两篇报告来说，第一篇报告在对体育旅游研究现状的认识上较为欠缺，第二篇报告则只对北欧旅游群体的偏好进行了研究，都存在着一定的不足之处；第三，大会没能对体育和旅游决策部门起到积极的引导作用，也未能促使它们对体育旅游联合发展的战略问题加以研究。

这次大会的参加者中也包括了国际体育旅游委员会（STIC）的代表。国际体育旅游委员会于1990年成立，其前身为旅游体育国际委员会（TSIC），"为体育旅游发展而组建的专业委员会"是其本质所在，其主要宗旨为：推进体育旅游研究的进展，促进旅游和体育组织、团体及其他与体育旅游产业发展有直接或间接联系的部门之间的联系和沟通。

1995年，国际体育旅游委员会组建了一个研究机构，之后创建《体育旅游杂志》。该期刊早期的主要内容大部分都是介绍性的。2003年，该刊与万象（Routledge）出版社合作，希望能多为体育旅游研究提供真正有用的信息，并为体育旅游研究提供国际交流和展示的平台。

国际体育旅游委员会已经逐渐开始将体育旅游相关的课题项目作为关注的重点，"资格认证项目"为合格人士颁发"体育旅游经理资格证"证书（CSTM）。同时，体育旅游专业的学位也已经存在，但是其面临一个关键的问题——什么样的体育旅游学位是社会所需要的。吉布森的主要观点是，任何一种这类学位的发展都受到大学自身经济利益的驱动，体育旅游学位可以被看作刺激体育旅游供应的有效战略。

从某种程度上看，在世界体育旅游研究领域，很多学者对他人的研究成果熟视无睹，这一问题在很多无足轻重的重复性的学术研究上得以反映。

第二节　体育旅游的特点与类型

一、体育旅游的特点

相较于传统旅游来说，体育旅游还有着其自身的特点，具体表现在以下几个方面。

（一）技能要求高

传统旅游，尤其是旅行社的组团旅游，对参与者往往没有什么要求。而体育旅游则对参与者有着较高的要求，这主要体现在技能上，比如，冲浪、高山探险、攀岩和户外挑战赛等项目，就要求参与者必须具备良好的体能、技能和技术。

（二）"回头率"高

传统旅游主要为景区景点的观光，对于旅游者来说，他们在参观了某一景区景点后，可能在相当长时间内不会再重复该地的旅游，甚至一生仅此一回。而对于体育旅游的参与者来说，由于其对体育旅游中的某一活动有着特殊的爱好，因此，就会萌生出反复参加此类活动的需要和冲动，这也就赋予了体育旅游"回头率"较高的特点。比如，体育旅游者往往会在一定的时间和条件下，多次重复参与滑雪、高尔夫等自己所喜爱的活动。

（三）消费高

相较于传统旅游来说，从事体育旅游所需的费用是比较高的，目前属高消费活动。造成体育旅游这一特点的原因有很多，其中最为主要的有以下几个方面。

第一，在参与体育旅游活动之前，要对相关的知识有一些了解，同时还要学习专门技术，因此，进行一定的专业培训和专门的训练是必需的。

第二，许多体育旅游项目需要使用专用服装、工具和设备等，这些用品的购置费用是比较高的。

第三，在参与体育旅游活动的过程中，专业导游或专职教练也是必需的，除此之外，团队活动中也需要有经验的专业向导、顾问和医生等。

第四，体育旅游由于高风险性，对参与者的防范措施有着非常高的要求，因此，就需要购置防护装备和意外保险等。

（四）体验性强

当前，世界经济形态已经由体验经济逐渐取代了服务经济。在现代旅游业的发展过程中，旅游消费者对体验的需求不断提升。体育旅游是需要旅游者参与到各种活动中的。因此，体验式体育旅游与当前旅游市场发展需求是相适应的，从某种意义上来说，它是以一定的旅游资源和体育资源为基础，以旅游商品的形式为旅游者在旅行活动中提供健身、娱乐、休闲、交际等各种服务，使旅游者在参与中获得更多快感、享受和独特的体验，亲身感受体育旅游的魅力。

（五）风险性高

某一特定危险情况发生的可能性和后果的组合，就是所谓的风险。风险具有显著的客观性、偶然性、损害性、不确定性和可变性等特征。

在体育旅游中，部分项目具有向大自然和人类极限挑战的性质，因此，这也赋予了其一定的风险性，比如，在徒步穿越旅游、骑马旅游、登山旅游、滑雪旅游、野营旅游、自行车旅游、自驾车旅游、探险旅游及潜水、漂流、攀岩、速降等户外活动中，突发的危险和事故是经常会发生的。相较于我国户外运动的参与人数来说，西方人参与户外运动的绝对数要大许多，伤亡事件发生的频率也会比较高。一般来说，造成事故的原因有很多，可以将其分为自然因素、人为因素和综合因素几个方面。其中，自然因素是不可抗拒的，应注意最大限度地减少人为和综合因素导致的损失。由此可以看出，体育旅游活动对突发事故的防范有着非常高的要求。

（六）地域性显著

体育旅游资源分布具有一定的地域范围，存在地域差异，带有地方色彩，这就是所谓的地域性。地域性特点不仅在以观赏为目的的体育旅游上有所体现，在北方冬季的冰雪运动、沿海地区的海上运动、山区的登山运动和沙漠地区的沙漠探险等体育旅游项目上也是非常显著的。体育旅游爱好者们天生有求新、求异的心理需求，这也在一定程度上促使他们会在一定的条件下跨越空间限制前往有特殊资源的异地参与体育旅游活动。

二、体育旅游的类型

体育旅游有着多种多样的类型，可以按照不同的标准来对其进行划分。其中，较为常见的有：以体育旅游资源为标准，将体育旅游分为陆地项目型、水上项目型、空中项目型、冰雪项目型、海（沙）滩项目型等；以体育旅游目的为标准，可以将体育旅游分为观光型体育旅游、竞赛型体育旅游、休闲度假型体育旅游、健身娱乐型体育旅游、拓展型体育旅游、极限型体育旅游等；以体育旅游者的参与行为为标准，可以将其分为参与（体验）型体育旅游、观赏型体育旅游。下面就以第二种分类为例（表1）加以分析。

表1　体育旅游的主要类型

序号	类型	基本特点	代表性项目
1	观光型体育旅游	审美体验、文化交流	体育遗址、体育建筑、体育雕塑
2	竞赛型体育旅游	专业性强	国际知名体育比赛
3	休闲度假型体育旅游	消除疲劳、参与性强	滑雪、钓鱼、温泉
4	健身娱乐型体育旅游	健身、体验、娱乐	健身娱乐场所
5	拓展型体育旅游	刺激、惊险	漂流、攀岩、溯溪
6	极限型体育旅游	挑战极限、冒险	登山、攀岩、高山速降

（一）观光型体育旅游

观光型体育旅游就是指旅游者远离其常住地，主要通过视听对体育活动、体育建筑物、体育艺术景点、各具特色的体育文化进行欣赏体验的过程，其主要目的在于从中获得愉悦的感受。旅游者在投身于体育文化所进行的旅游体验过程中，不断地与所接触的体育文化进行各种形式的交流。从某种意义上来说，观光型体育旅游是体育旅游审美活动的一个重要形态，同时也是使体育旅游景观的社会功能被公众认识并发挥其美育功能的重要环节。

（二）竞赛型体育旅游

以参加某种体育竞赛为主要目的的运动员、教练员及与竞赛有着密切关系的人员，为了组织和参加某种体育竞赛，在旅游地逗留一段时间并在比赛之余从事各种观光活动，就是所谓的竞赛型体育旅游。竞赛型体育旅游包含的范围较广泛，比如，与奥运会、世界杯等传统的大型比赛，以及定向越野、帆船、滑雪、射箭、溜冰等各种赛事相关的旅游都属于竞赛型体育旅游的范畴。

（三）休闲度假型体育旅游

以消除疲劳、调整身心、排解压力为主要目的，具有体育元素的旅游活动，就是所谓的休闲度假型体育旅游。这一类型的最大特点就是人们通常在某个度假时期或节假日期间参与到体育旅游活动中。

（四）健身娱乐型体育旅游

健身娱乐型体育旅游，实际上就是以娱乐性的体育健身、体育疗养、体育康复为主要目的的旅游，通过旅游活动进行健身娱乐，能够达到快乐、消除疲劳、心情舒畅的目的，常见的钓鱼、冲浪、骑马、游泳等就是健身娱乐型体育旅游的典型代表。有明确的健身主题，是健身娱乐型体育旅游的最大特点。

（五）拓展型体育旅游

结合精心设计的拓展训练内容和某些活动形式，组织旅游者在崇山峻岭、瀚海大川等自然环境和人工环境中磨炼意志、陶冶情操、完善人格、熔炼团队，满足旅游者寻求刺激、猎奇、挑战极限意愿的旅游形式，就是所谓的拓展型体育旅游。作为一种新颖的旅游形式，尤其是随着拓展训练受到现代人的推崇和青睐，拓展型体育旅游在很多国家迅速发展起来，并且有越来越多的旅游者参与其中。

（六）极限型体育旅游

极限型体育旅游是人类挑战自身生理和心理极限的一种旅游方式。人们参与此项活动的目的有二：一个是挑战和征服自然屏障，另一个是战胜和超越自我。极限型体育旅游项目的难度是非常大的，同时还存在着较大的风险性，而其最大的特点就是追求刺激、挑战极限。在通常情况下，这种类型的体育旅游是针对成年人或者具备专业知识和经过专业训练的人开展的，因此，其也有"少数人的运动"之称。需要强调的是，由于这类活动已得到了越来越多人的关注，为满足人们的参与需求，部分项目现已被简化并给予相应的安全保障。

第三节 体育旅游与社会各要素相关关系

一、体育旅游与社会经济的关系

（一）体育旅游经济

1.体育旅游经济的内涵

人们在生活水平逐渐提高之后，进行的以体育项目为媒介，以旅游活动为前提，以商品经济为基础，依托现代科学技术，反映体育旅游活动过程中，体育旅游者与经营者之间按照各种利益而发生经济交往所表现出来的各种经济活动和经济关系的总和，就是所谓的体育旅游经济[1]。

通过具体分析可以得知，体育旅游经济，实际上是由体育旅游者的旅游活动引起的，体育旅游者同体育旅游企业之间及体育旅游企业同相关企业之间的经济联系。体育旅游企业为体育旅游者提供吃、住、行、游、购、健身等服务，而旅游者支付一定报酬，如此一来，旅游者与旅游企业之间的经济联系便形成了。旅游企业为安排好旅游者的旅游活动，需要同其他有关企业或部门发生经济联系，这些经济联系便构成了旅游经济的内容，是国民经济运行的一部分。

2. 体育旅游经济的基本特征

体育旅游经济，作为一种特殊的经济形式，有其本身所具有的显著特征，具体表现在以下几个方面。

（1）体育旅游经济是一种经济活动。体育旅游经济学的出发点为人，是围绕人的体育经济行为产生的活动，可以说，其是传统经济在新的时代条件下内核发生转换后的产物。体育旅游经济所探讨的内容主要是：由体育旅游所引起的"生产、交换、分配、消费"关系的变化，以及各环节之间的交替互动过程。

（2）具有无形性。体育旅游行为消费的是无形资源，而不是有形资源，这是体育旅游经济与传统经济的最大区别所在。从某种意义上来说，体育旅游经济是一种心理的愉悦与满足，具有无形性。

（3）追求人文关怀。体育旅游经济行为与传统经济行为存在着一定的差异，其中，最显著的差别在于：前者强调"低代价、高效益"的投入，使得人们的体育旅游需求得到满足，强调"以人为本"，而后者强调的是通过物质产品的消费，一是获得物质需求的满足，更重要的是带动经济的发展，促进国民经济总产值的提高。由此可以看出，体育旅游经济的核心特征是注重人文关怀。

（4）促进资本的多元化。传统的经济行为是以商品交换为目的的，促进了物质资本的积累。在现代社会中，资本是多元化的，比如物质资本、经济资本、社会资本、文化资本、人力资本等，它们对个体的发展发挥着很大的作用。通过体育旅游活动，获取从以商品为中心向以人为中心的价值转变，从而使资本的多元化得以实现。

---

[1] 柳伯力.体育旅游概论[M].北京：人民体育出版社，2013.

（二）体育旅游经济促进社会经济发展

在体育旅游快速发展的带动下，体育旅游经济也促进了社会经济的发展，具体来说，可以从经济、文化和社会环境几个方面得到体现。

1.体育旅游经济的经济价值

（1）增加外汇收入，保持国际收支平衡。在高度发达的商品经济条件下，国际经济关系往往只能实行以货币为媒介的商品交换。只有掌握一定数量的外汇，才能扩大对外经济合作，才能在国际市场上具有一定的购买力。因此，一个国家拥有外汇的多少，往往是这个国家经济实力强弱和国际支付能力大小的一个重要衡量标准。作为外汇收入主力的旅游业在国家创汇、平衡国际收支方面可以起到重要作用，这已经为各国实践所证明，为人们所认识。

（2）对货币流通与回笼起到积极的调节作用。货币作为流通手段和支付手段，在经济活动中所形成的连续不断的收支运动，就是所谓的货币流通。货币回笼与货币投放相对，货币回笼增加，就说明流通中现金数额减少。体育旅游收入是国内旅游收入的一个重要部分。旅游消费能够使货币流通量增大，而旅游收入则对国家回笼货币、积累资金起着积极的推动作用。

（3）增加就业机会。对于国家政治和国民经济发展来说，一个至关重要的问题，就是就业问题，其不仅关系到每个劳动者的生存与发展，同时也与一系列的社会问题有着密切联系。一个国家安排就业能力的大小是其政局是否稳定、社会经济水平高低的重要标志。当前，失业问题已成为全球性的问题。体育旅游产业是一个劳动密集型产业，且能够带动相关产业的发展，从而缓解国家的就业压力。

（4）优化产业结构。各产业的构成及各产业之间的联系和比例关系，就是所谓的产业结构。产业结构随着经济的发展、科技的进步不断变化。社会生产力越发展，经济越发达，人们的收入越高，对服务产品的需求也越大。因此，随着世界经济的发展，第三产业在产业结构中的比重逐渐加大。现代体育旅游就是在生产力高度发展的基础上为满足人们追求刺激和健身娱乐需要而产生的新兴经济行业。旅游行业的发展会进一步刺激并带动相关产业的发展。

作为旅游业重要的组成部分，体育旅游的经济作用应得到重视。由于体育旅游追求的是新奇和刺激的项目，其更新换代的速度比一般的消费品要高，因此这就决定了它的附加值会更高，对优化产业结构益处也更大。体育旅游产业的发展会对我国第三产业的发展起到积极的促进作用，同时，在我国体育与产业结构的调整过程中，体育旅游产业将会获得较大的发展空间。

（5）改善投资环境，推动经济发展。体育旅游业的发展，对于扩大开放是非常有帮助的，能够从多方面改善投资环境。一方面，体育旅游业是一个开放的窗口，为外国体育旅游者参加体育交流、学习培训、观看体育赛事、考察体育设施等提供机会；另一方面，通过各类体育场地、设施的建设对外招商，可以引进资金改善投资环境。一般来说，外来资金越多，建设投入越有保障，越能减轻国内的资金压力，从而达到改善投资环境的目的。

2. 体育旅游经济的文化价值

（1）使各国人民之间的相互了解和友好往来进一步加强。作为人民之间普遍性社会交往的一种活动，体育旅游有着非常重要的作用和意义，它不仅有助于增进各国人民之间的相互了解，对于加强国家之间友好关系也是非常有利的。通过体育旅游，社会各阶层之间由于不同政见而产生的误解得以消除，人类由于种族不同而产生的距离得以缩短，从而出现理解和友谊、合作和支持，这对促进世界和平有着特殊的意义。

（2）开阔眼界，增长知识，提高生活质量和身心素质。首先，体育旅游是一种特殊的生活方式，让人们暂时离开日常熟悉的生活环境，去享受一种更高层次的、为之向往的生活乐趣。其次，体育旅游能够使人们的视野更加开阔，地理、历史、文学、艺术等方面的知识得到进一步充实。再次，体育旅游能够使人们的身体素质得到改善，促进身心健康，使人们恢复体力、焕发神采，提高对工作、生活的兴趣和热情。最后，体育旅游对于锻炼人的意志和增强道德观念也是非常有帮助的。常见的徒步旅行、登山、探险、漂流、冲浪等体育旅游项目本身就是对意志和耐力的磨炼。通过这些磨炼，人们的精神境界得到提升，道德观念不断增强。

（3）对爱国情感的培养、民族文化的保护有积极影响。在通常情况下，体育旅游是远离城市的喧嚣与浮躁的，在体育旅游活动中能够对社会有更加深入、透彻、清醒的了解，熟悉国情，这对于人们的志向、对祖国的热爱有着积极的激发作用。体育旅游和社会文化发展之间的关系是非常紧密的。在体育旅游发展的今天，领略和欣赏原汁原味的民族文化、历史文物显得更加弥足珍贵，这就要求在大力推广体育旅游时，要进一步加深广大体育旅游者对民族文化的了解，使人们对传承历史文化的自觉性得到提高。

（4）积极推动体育科学研究和体育技术交流。体育旅游活动的开展同科学技术文化交流之间的关系是不可分割的，其推动作用可以大致归纳为两个方面：一方面，在体育旅游过程中，不乏体育界的专家、学者、技术人员，他们在出访目的地时，往往要求参观有关体育单位和体育院校及设施等，同时和当地的相关专业人士进行交流和沟通；另一方面，为了适应体育旅游者的需求，目的地的体育旅游发展也常常对科学技术提出新的需求，把相关领域的先进科学技术应用于体育旅游设施和运动器材、设施的改造和建设之中。

3. 体育旅游经济的社会环境价值

（1）体育旅游的发展推动了自然资源的保护。许多自然资源都可作为体育旅游资源进行开发，经开发的这些自然资源为体育旅游的登山、自驾车越野、漂流等项目提供了优良场所。保护自然资源，实际上也是对体育旅游赖以生存的基础进行保护。

（2）体育旅游的发展对相关设施的数量增加、质量提高起到积极的推动作用。体育旅游包含的内容较多，因此，相关设施也比较多。体育旅游的发展，在一定程度上增加了目的地和旅游线路沿途的休闲、娱乐、康复设施的数量，并推动了体育运动器材和运动服装商店数量的不断增加。

（3）体育旅游的发展对道路、交通运输、邮电通信等基础设施的改善起到积极的促进作用。体育旅游在一个地区得到产业化发展之后，能够对当地完善交通设施建设起到积极的促进作用，从而有效地完善常规的基础设施。除此之外，线路上的汽修点、加油站、邮局和电信网络也要有所增加，设备增加、档次提高，从而为体育旅游者提供更多的方便。

（4）体育旅游的发展对旅游接待地当地政府对环境卫生的重视和维持起到积极的促进作用。体育旅游对环境质量的最基本、最起码的要求，就是保证人体健康，这就要求旅游目的地的环境质量要比一般生活与生产的环境质量高一些。同时，还要促使旅游目的地采取必要的措施强化环境管理，提高环境质量，从而向体育旅游者提供高质量的体验。

（5）体育旅游的发展带动了历史建筑和古迹遗址的维护、恢复和修整。在通常情况下，经济相对落后、地域偏僻的地区往往是体育旅游产业发展的主要地区。这些地区的民族风貌及历史古迹的维护、恢复和修整方面对资金有着非常高的要求。体育旅游经济的发展，能够为这些地区带来良好的地方财政收入，同时还可以吸引一定的社会资本，这对于有效维护与修整历史建筑与古迹遗址有着非常重要的意义。

（6）体育旅游带来普通旅游的介入，可扩大旅游目的地与接待规模。作为普通旅游的一种类型，体育旅游发展到一定规模、具备较大的影响之后，与之相关的生态旅游、观光旅游等其他类型的旅游也会接踵而至。

二、体育旅游与社会休闲

当前，体育旅游种类繁多，内容丰富且有特色。随着体育旅游的不断发展，人们对体育旅游的需求形式或方式方法也不尽相同，再加上体育旅游市场的快速发展，对体育旅游市场的细分起到了积极的促进作用。在这样的形势下，体育休闲旅游、体育旅游休闲、休闲体育旅游等基本形式开始出现。

（一）体育休闲旅游

在体育资源和旅游资源的基础上，通过从事各种休闲娱乐、身体锻炼、运动竞赛、康复保健、体育观赏及体育文化交流活动等，促使旅游者身心和谐发展的一种休闲旅游活动，就是所谓的体育休闲旅游。当前，在社会经济的发展和人们生活水平提高的带动下，旅游者不满足于观景、观光，而更看重健身与体验，在旅游度假中释放工作压力，在参与体育活动中体验愉悦和舒适，体育旅游已逐步成为一种新型休闲生活方式和时尚追求。以旅游资源的特征为主要依据，可以将体育休闲旅游分为两种类型：一种是以与自然资源结合的户外身体活动为内容的体育休闲旅游，另一种是以室内身体活动为内容的体育休闲旅游。通常所说的体育休闲旅游，往往指的就是以与自然资源结合的户外身体活动为内容的体育休闲旅游。

关于体育休闲旅游，可以从多个方面入手来对其加以理解：第一，其是旅游者以观赏和参与体育活动为目的，或以休闲体育为主要内容和手段的一种旅游活动形式；第二，其是以休闲体育为主要内容和手段愉悦身心的一种旅游活动形式，是人们在自然与文化的融合中观察、感受、体验异地自然风光或异地文化，满足自己的健身与娱乐需求；第三，它是人们离开常住地以积极的身心活动为主要内容而进行的能促进身心调节、达到自我愉悦需要的一种活动形式，是休闲旅游的一个重要形式。

人们在体育休闲旅游的同时，还能放飞心灵，使身心得到放松。因此相较于其他旅游方式来说，它的最大特点就是"动""静"结合，"累""闲"相伴，"行""居"有序，从某种意义上来说，体育休闲旅游不仅是体育旅游者在拥有较多闲暇时间和可自由支配的经济收入后，到具备一定体育服务设施的旅游地进行的休闲娱乐活动，同时也是体育旅游市场得以细分、丰富发展的产物。

通过对国内外相关学者的观点的综合分析，可以将体育休闲旅游的概念界定为：以旅游资源为依托，以体育休闲为主要目的，以旅游设施为条件，以特定的体育文化景观和体育服务项目为内容，离开常居地而到异地逗留一定时间的体育游览观光、体育休闲娱乐、体育竞赛观摩和休息的活动。

相较于其他旅游形式来说，体育休闲旅游在本质上存在着差异性，具体来说，体育休闲旅游与观光旅游、度假旅游的区别在于其具有明显的体育休闲特征，体育休闲是从外界环境的压力中解脱出来，使个体能够以自己喜欢的有价值的体育活动方式，去健身锻炼、消遣娱乐和培养与谋生无关的智能等活动的总称（表2）。

表2 体育休闲旅游与观光旅游、度假旅游比较[1]

比较项目	体育休闲旅游	观光旅游	度假旅游
旅游时间	较短（假日消费）	较短	较长
旅游目的	强身健体	开阔视野	放松身心
旅游周期	周而复始	一次性	周而复始
旅游差异	个性化、体验化	简单化、无差异	少差异
旅行方式	散客、团队	团队、散客	散客

（二）体育旅游休闲

随着休闲社会时代的临近，体育旅游休闲这一热潮也将其积极的推动作用充分体现了出来。随着社会、科技进步和人们生活水平的不断提高，人们将会更多地选择体育旅游休闲活动来充实闲暇时间，从而使精神和文化生活的需求得到较好的满足。

目前，全国各地大力推介体育传统特色项目，对体育旅游经济与休闲产业的强劲发展起到了积极的促进作用，现代生产力的快速发展也在一定程度上为体育旅游休闲提供了物质保障和时间支持，国家政策大力支持体育设施建设，为体育旅游休闲提供了便利条件，使体育旅游休闲成为一种社会文化现象，并逐渐成为现代人的消费新取向。

由此，可以将体育旅游休闲的概念界定为：体育旅游者以观赏和参与休闲娱

[1] 柳伯力.体育旅游概论[M].北京：人民体育出版社，2013.

乐活动为目的，或以休闲娱乐为主要内容和手段的一种体育旅游活动形式。

从某种程度上来说，体育旅游休闲是体育旅游市场向纵深发展细化的结果，同时也是体育旅游的一个重要形式。具体来说，体育旅游休闲是将体育旅游资源和休闲资源有机结合起来的产物，同时也是体育旅游产业和休闲娱乐产业相结合的产物，还是体育旅游文化和休闲文化相结合的产物。

从上述分析可以得知，体育旅游休闲的最大特点就在于其是体育旅游的资源、产业、文化与休闲结合的复合体，其对体育旅游者的休闲娱乐行为进行了重点强调，换句话说，就是在体育旅游中注重自由自在的休闲娱乐过程，在休闲娱乐中消除体育旅游者身心的疲惫是其主要目的所在。

（三）休闲体育旅游

当前，旅游已经在世界范围内得到了广泛的发展，再加上休闲时代的到来，休闲体育旅游已逐渐成为一种时尚。作为旅游的一个重要类型，休闲体育旅游是旅游的一种新型产业，其本质也与现代人体验的内在规律性相符，因此，其将会成为推动我国旅游和经济发展的重要战略手段之一已毋庸置疑。通过休闲体育旅游，人们能够达到完全回归自然、亲近自然、释放自我、张扬个性的目的，同时，还能进一步推动休闲体育旅游经济发展的战略目标得以顺利实现。

早在二十多年前，"休闲体育旅游"就已经引起了研究者的兴趣。通常，可以将休闲体育旅游的概念界定为：人们在闲暇时间离开常住地，以休闲体育活动为主要内容，以获得身心体验为目的，以丰富和细化体育旅游市场为宗旨的一种社会旅游活动。从某种意义上来说，休闲体育旅游是体育学与旅游学互相渗透、互相交叉、互相重叠的部分。

休闲体育旅游的类型是多种多样的，通常可以分为观光休闲体育旅游、健身娱乐休闲体育旅游、度假型休闲体育旅游、竞赛型休闲体育旅游、拓展休闲体育旅游等多种类型。

（四）体育旅游与社会休闲的互动关系

体育旅游与社会休闲之间还存在着互动的关系，具体表现在以下两个方面。

（1）体育旅游活动能够使社会休闲的内容更加丰富，居民生活质量有所提升。第一，体育旅游能够使休闲活动的内容更加丰富和充实，同时，也能对地方经济的发展起到积极的促进作用。第二，体育旅游能够将旅游自然资源的优势充分发挥出来，同时，还能够使旅游人文资源得到进一步的丰富。第三，体育旅游能够使居民身心发展需求得到较好满足，同时，还能使其度过闲暇时间，生活质量也有所提升。

（2）社会休闲对体育旅游发展起到积极的促进作用，为开展体育旅游奠定了坚实基础。第一，社会休闲产业的发展、产业结构变化和城市化进程为体育旅游发展创造了良好条件。第二，居民生活质量提高、健康观念和休闲方式的转变为体育旅游的发展提供了可能。第三，社会休闲文化的形成影响着居民体育旅游。

第四节　体育旅游可持续发展的理论基础

一、区位理论

（一）区位理论概述

关注经济活动地理区位的理论，就是所谓的区位理论。该理论主要假设行为主体为自身的利益而活动，对经济活动的地理区位及其形成原因的问题加以解释。如果用地图来表示的话，其需要在地图上描绘出各种经济活动主体（如农场、工厂、交通线、旅游点、商业中心等）与其他客体（自然环境条件和社会经济条件等）的位置，同时，还必须对此进行充分的解释与说明，从而进一步对其形成条件与技术合理性加以探讨。人文地理学基本理论是由很多方面构成的，其中，实用性和应用的广泛性就是其非常重要的组成部分。

冯·杜能创立农业区位理论以来，区位理论的发展速度非常迅速，经历了古典区位理论、近代区位理论和现代区位理论三大发展阶段。如今，区位理论的研究和应用在农业、工业、商业、贸易、城市和交通等领域中都有所涉及，其中，较为具有代表性的理论主要有：冯·杜能的农业区位理论、阿尔申尔德·韦伯的工业区位理论、瓦尔特·克里斯塔勒的中心地理论及奥古斯特·廖什的市场区位理论。

（二）区位理论在旅游中的应用

20世纪50年代，旅游区位的研究才开始起步。首先对旅游区进行研究的是瓦尔特·克里斯塔勒，之后众多学者也开始对旅游区位加以研究，并做出了相应的补充，使其逐渐成熟起来。区位理论对旅游资源开发的地域选择、区域定位、旅游市场竞争、旅游规划空间布局和旅游与产业布局等都有着重要的参考价值。

1. 旅游中心地的界定

通常情况下，旅游中心地必定拥有丰富多彩的旅游资源和得天独厚的交通条件，究其原因，主要是这两个条件是旅游地成为区域旅游中心的先决因素。

2. 旅游中心地的市场范围

旅游中心地的市场范围有上限和下限之分。其中，上限就是由旅游地的旅游资源吸引力，以及旅游业的社会容量、经济容量、生态环境容量共同决定的客源市场范围或接待游客数量，需要注意的是，上限值不能超过上述四个变量中的最小值；而下限则可以用"门槛值"来说明，具体来说，就是指生产一定产品或提供一定服务所必需的最小的需求量。

3. 旅游中心地的等级

旅游中心地的等级是以它的市场范围即吸引力为依据而划分的。具体来说，可将旅游中心地分为两个等级：一个是高级的旅游中心地，即为较大市场范围提供旅游服务的中心吸引物；另一个是低级的旅游中心地，即为较小市场范围提供旅游服务的中心吸引物。

二、增长极理论

（一）增长极理论概述

法国经济学家弗郎索瓦·佩鲁最早提出增长极理论，后来，法国经济学家布代维尔、美国经济学家弗里德曼、瑞典经济学家缪尔达尔、美国经济学家赫希曼分别在不同程度上使这一理论得到发展和丰富。

增长极理论的出发点为区域经济发展不平衡的规律，其主要表现在区域经济发展过程中，经济增长不会同时出现在所有地方，而总是首先在少数区位、条件优越的点上形成经济增长中心，通过发挥增长极的极化效应和扩散效应，来对整个地区经济的发展起到积极的推动作用。随着增长级规模的扩大和技术水平的提高，扩散效应会逐渐增大，对一些在增长极无法从事的产业需求越来越大，这就对这些产业在周边的发展起到了积极的促进作用。这里要强调的是，极化效应和扩散效应是同时存在的。在发展初期，极化效应是主要的；而当增长极发展到一定规模后极化效应削弱，扩散效应加强；随着进一步的发展，扩散效应逐渐占主导地位[1]。极化和扩散机制相互作用，对整个区域的经济发展起到积极的推动作用，与此同时，地区的差距也逐渐产生。

增长极对地区经济增长有着非常重要的影响，这在区位经济、规模经济、外部经济这几个方面上都有所体现。

（二）增长极理论在旅游中的应用

首先，增长极理论从理论上为旅游业优先发展提供了依据和支持，旅游业作为旅游地的经济增长点能够通过其聚集和扩散作用，进一步加大旅游业的关联带动作用，使其成为一个更为广阔的地域空间。

其次，区域旅游的发展在遵循增长极理论的发展模式的基础上，以优先得到发展的地区来带动区域内其他地区的旅游发展，使增长点的扩散作用得以实现，最终达到共同发展整个区域旅游的目的。

最后，旅游业的各个部门之间的发展具有不平衡的现象，具体来说，就是旅游业的吃、住、行、游、购、娱六大要素的发展具有一定的不平衡性。

三、点轴开发理论

（一）点轴开发理论概述

点轴开发理论最早是由波兰经济学家萨伦巴和马利士提出的。作为增长极理论的延伸，在重视点增长极作用的同时，对点与点之间的轴即交通干线的作用也是非常重视的。点轴开发理论的主要观点是：随着经济的发展，经济中心逐渐增加，由于生产要素交换需要交通线路以及动力供应线、水源供应线等，点与点之间相互连接起来形成轴线[2]。需要强调的是，这种轴线首先是为区域增长极服务的，但轴线一经形成，对人口、产业也具有吸引力，吸引人口、产业向轴线两侧集聚，并产生新的增长点。点轴贯通，由此，点轴系统便形成了。因此，可以将点轴开发理解为从发达区域大大小小的经济中心（点）沿交通线路向不发达区域纵深地发展推移。

---

[1] 吴国清.旅游资源开发与管理[M].上海：上海人民出版社，2010.

[2] 吴国清.旅游资源开发与管理[M].上海：上海人民出版社，2010.

点轴开发理论主张在经济发展过程中采取空间线性推进方式，对地区发展的区位条件是非常看重的，强调交通条件对经济增长的作用，认为点轴开发对地区经济发展的推动作用要大于单纯的增长极开发，这对于区域经济的协调发展也会更加有利。

点轴开发理论也具有非常重要的实践意义，这主要体现在对区域经济发展的不均衡性的揭示上，具体来说，就是可能通过点与点之间跳跃式配置资源要素，进而通过轴带的功能，对整个区域经济发挥牵动作用。由此可以看出，中心城市的等级体系是必须要确定下来的，同时还要将中心城市和生长轴的发展时序确定下来，从而逐步使开发重点转移扩散。

（二）点轴开发理论在旅游中的应用

对于旅游业来说，空间结构的合理与否，在很大程度上促进或者制约着区域经济的增长和发展。通过运用点轴开发理论，可在区位选择的基础上，进一步选取一些资源价值高、社会经济发展水平高的旅游中心城市或重点旅游地作为点，有意识地选择交通干线作为轴，将位于交通线上或附近的点作为重点开发的对象，使之形成次一级的旅游中心地，在不断发展的过程中，使交通沿线一些次一级的城镇和旅游风景区、风景点也逐步发展起来，使交通沿线的轴带发展得以实现，从而起到以点带线、以线带面的作用，将整个地域的旅游发展有效带动起来。

四、可持续发展理论

（一）可持续发展理论概述

关于可持续发展的定义，目前得到国际社会普遍认可的是在《我们共同的未来》一书中提出的"既满足当代人的需求，又不损害后代人满足其需要能力的发展"。由此可以看出，可持续发展对环境与自然的长期承载力在发展上的重要性，以及发展对改善生活质量的重要性都是非常重视的。既要使人类的各种需要得到满足，个人得到充分发展，又要保护资源和生态环境，不对后人的生存和发展构成威胁，是可持续发展的主要目标。

通过对可持续发展的概念分析可以看出，其中包含着三个元素，即人类的需求、资源使用的限制、公平。

可持续发展从深层次所包含的意义基本上可以分为四个原则，即公平性原则、可持续性原则、共同性原则、需求性原则。

（二）可持续发展理论在旅游中的应用

旅游可持续发展理论是随着可持续发展这一新观念的出现而出现的，可以将其理解为可持续发展思想在旅游这一特定领域的延伸。旅游业发展与可持续发展之间存在着天然的耦合关系。从可持续发展的角度评估，任何一个行业的发展都需要环境付出一定的代价，但在各个产业之间相比较，旅游业应该是在实施可持续发展战略中最被重视的产业。同样，以环境、生态和生物多样性为主要产品依托的旅游业，也应最重视可持续发展。

在旅游规划和开发中，要将可持续发展理论作为工作的一个重要依据，保持人类享受资源的公平性，对急功近利、重开发轻保护，甚至只开发不保护的现象严加管控。在旅游开发过程中，还要对旅游区的环境问题加以重视，一味追求经济效益的做法是不明智的。因此，旅游规划开发人员要将社会效益和生态环境效益的观念树立起来，切实保证旅游活动与生态环境的协调，实现旅游的有序发展，走可持续发展的道路。

五、产品生命周期理论

（一）产品生命周期理论概述

产品生命周期理论最早是由美国经济学家雷蒙德·弗农提出的。该理论的主要观点为，任何产品都有一个生命周期，通常可以将这一周期分为三个阶段，即创新初期（技术创新阶段）、发展期（技术扩散阶段）、成熟期（技术进步放缓阶段）。需要注意的是，处于不同阶段的产品，生产的优势区域也是不同的。

1. 创新初期

最有能力提供大量研究与发展投入并拥有高技术素质劳动力的区域将垄断生产。

2. 发展期

产品生产逐渐标准化，大生产方式开始引入，技术开始传播。随着产品逐渐走向成熟，市场逐步打开，销售量也有了进一步的增加，过去处在高梯度区域的工厂生产的产品需求得不到满足，于是生产由个别点开始向面上转移，"波浪扩散效应"便出现了。

3. 成熟期

经过长期的生产和普及以后，产品成本和价格开始下降，市场对产品的需求逐渐趋于饱和，原来的技术密集型产业已完全沦为劳动密集型产业，那些拥有丰富的廉价劳动力的低工资地区在已高度标准化的产品生产方面取得优势。由于技术要素对区位选择的影响逐渐变小，劳动力价格的重要性就会相应有所增大，产品生产从创新区域转移至落后地区，这些产业在落后地区出现正增长，而在发达地区出现负增长。产品生命周期理论指出了技术水平差异对区域分工的影响。

（二）产品生命周期理论在旅游中的应用

关于旅游地生命周期理论的起源，没有统一的说法，有的学者认为是1939年基尔伯特在《英格兰岛屿与海滨疗养胜地的成长》一文中最早提出的；也有学者认为是德国学者瓦尔特·克里斯塔勒在研究欧洲的旅游发展时，首先将产品生命周期理论运用到旅游中的。

当前，被学者们公认并广泛应用的旅游地生命周期理论是1980年由加拿大学者巴特勒提出的。他在《旅游地生命周期概述》一文中，借用产品生命周期模式来描述旅游地的演进过程。他提出，旅游地的演化主要经历了探查阶段、参与阶段、发展阶段、巩固阶段、停滞阶段、衰落或复苏阶段这六个阶段。

六、游客行为理论

美国社会学家马斯洛提出著名的人类需求层次理论之后，国内外很多学者将这一理论应用在其旅游研究中，比如，较为典型的有：旅游与生活的心理学区别、旅游文化差异所引起的心理反应、旅游现象的心理学阐释等。

旅游活动本身就是一种心理行为的外在表现，从本质上来说，旅游不仅是一种精神需求，同时也是一种经历和过程；从另外的一个角度来说，旅游是人们心理、生理等的一种自我完善活动。

所谓游客行为研究，即从游客心理需求出发，对游客的旅游需求、旅游欲望、旅游动机、旅游决策、旅游选择、文化向往、旅游偏好、旅游认知、旅游满意度、空间选择行为等内在心理期盼和外在行为，以及旅游的类型、结构、流向、流速、特征及动态规律等进行研究的一种活动。

第二章 我国体育旅游状况调查与发展探讨

体育旅游是近些年比较流行的一种旅游方式，已成为我国旅游业的一个新亮点。体育旅游以其独具魅力的价值获得了人民群众的广泛青睐，成为新时代中国体育的新时尚。本章通过对影响人们参与体育旅游的因素、我国体育旅游资源的分布与开发现状及体育旅游市场开发状况进行分析，结合我国体育旅游市场发展中存在的问题，对我国体育旅游可持续发展提出可靠建议，以推动我国体育旅游市场的持续发展。

第一节　影响人们参与体育旅游的因素分析

一、直接影响因素

人们自身的年龄、性别、文化程度等是影响其参加体育旅游的直接因素，这些因素对人们的体育旅游行为决策具有决定性影响。

（一）年龄

调查发现，不同年龄群体在体育旅游中存在明显的行为差异，消费需求存在很大的差距。不同年龄层次的人本身就是有差异的，体现在生理、心理、生活方式等方面，这些差异也影响了不同年龄群体的体育旅游消费行为。

我国体育旅游市场的消费主力是中青年人。中青年人体力充沛，相对而言经济宽裕，而且有着强烈的求新、求奇、求知、求刺激的心理，所以对攀岩、蹦极、漂流、探险等激烈有趣、惊险刺激、富有对抗竞争性的活动项目非常感兴趣。

老年人更多的是参与体育旅游健身活动，在这方面有浓厚的兴趣和较大的需求，他们主要选择徒步、游泳、登山、钓鱼等中小运动强度、娱乐性高的活动项目。

（二）性别

1.体育旅游项目选择的性别差异

在体育旅游项目选择上能够看出人们参与体育旅游是有性别差异的，不同性别的旅游者在旅游项目选择上有明显的差异。

在观看或参加运动会、登山和野营等项目中，性别差异并不明显。在滑翔、滑雪、攀岩、漂流、远足等项目参与中，就能够明显看到男女之间的差异性，而在潜水、游泳、森林探险、民族体育等项目中也有显著的男女差异。

2.体育旅游方式选择的性别差异

不同性别的体育旅游者在选择出游方式上所考虑的因素不同，因此体育旅游方式也反映了男女差异。

男性在选择出游方式时重视自由与方便，而女性对安全与方便更重视。女性相对于男性更追求活动方式的安全，而男性较女性而言更注重自由。总体而言，男性考虑的因素比较分散，而女性的关注点比较集中。

（三）文化程度

随着现代人文化水平的不断提高，大多数旅游项目的参与人数呈上升趋势，这作为一个基本特征已经充分反映在体育旅游领域了。不同文化水平的体育旅游者获取信息的渠道和方式是有差异的，所以面临的旅游影响因素也有不同。随着不同群体文化水平的提升，他们越来越深入地认识了体育旅游的概念和作用。一些文化群体还未参与过体育旅游活动，调查发现，他们不参与体育旅游的主要原因是不了解体育旅游。

文化水平较低者除此之外还受经济、兴趣等因素的影响较大；文化水平高者受经济因素限制少，但时间不充足、不太了解体育旅游是制约其参加体育旅游的主要原因。

文化程度较高的人会采用很多渠道接收信息，能够将各种媒体资源充分利用起来获取自己需要的旅游信息。他们在整个旅游过程中比较能够得心应手，能够从内心深处享受旅游的乐趣，体验旅游的魅力。而文化程度低的人或家庭，相对来说并没有很多获取信息的渠道，依靠亲朋好友的口传和旅行社广告获取信息的较多，如果信息传达者不能客观评价旅游目的地，旅游者便会有无所适从的感觉。

二、间接影响因素

体育旅游的主体及体育旅游发展的核心动力都是参与体育旅游的游客。研究发现，体育旅游不仅与体育旅游者的个人需要相关，而且与社会经济与文化发展水平、体育旅游资源、市场开发、体育旅游产业管理和国家相关政策等现实因素也有很密切的关系，这也是影响人们参与体育旅游的间接因素。

（一）体育旅游产业相关政策

1.体育旅游法规

近些年，体育旅游作为一种新兴的旅游形式在我国兴起，因为发展时间较短，所以相关法律法规还不够完善。目前来看，市场规范、体育旅游服务标准及各项管理制度等都没有达到统一的程度。

在体育旅游者看来，进行体育旅游是一种特殊的消费形式，而且这种消费是较高层次的，倘若这方面的相关法律法规不够健全，无法充分保护与保障消费者的利益，消费者便不会很看好这种消费，就会犹豫是否参与。

2.管理体制

体育旅游业在我国兴起的时间较晚，其所属部门一般由各行业管辖，体育旅游开发也需各行各业共同努力，但体育局、旅游局等部门的权力相当有限，管理也不够完善，相互之间沟通不够，出现条块分割、多头管理的现象，造成了体育旅游规模小、水平低、重复建设等不良问题，从而严重影响了体育旅游的发展。

体育旅游在我国是一个新兴产业，是国民经济的新增长点，但体育和旅游主管部门并未明确出台关于体育旅游产业的发展目标和总体规划，有关体育旅游的管理办法也没有制定，且体育旅游相关政策还未纳入现有的旅游规划中，这也是造成体育旅游开展形式单一、经营不规范、市场秩序混乱的主要原因。这些不仅阻碍了体育旅游资源开发和区域经济的合作，导致无法开发出更加多元的体育旅游项目和产品来吸引和满足消费者，而且影响了体育爱好者、旅游爱好者对体育旅游的兴趣与信任。

（二）体育旅游专业人才及市场成熟度

体育旅游专业人才紧缺，体育旅游市场成熟度低，这些是我国体育旅游产业目前面临的主要发展问题，这些问题导致这个行业的资源无法使体育旅游者的需求得到满足。

现阶段，我国体育旅游人才资源开发相当滞后，缺乏专业管理人员，因此服务质量有限，体育旅游者的需求还得不到满足。目前，一些旅游景点基本上是从社会上招收待业人员来临时从事体育旅游服务工作，这些从业人员素质不高，缺少专业培训，无法在体育旅游管理、规划等工作中发挥大作用，而且大多数服务人员并没有完全了解体育旅游活动的作用、功能、方法等，所以无法提供好的服务，这也是会影响人们参与体育旅游的。

（三）体育旅游资源开发

目前，我国在开发体育旅游资源方面缺乏国家宏观调控，也未做到协调发展。国家宏观调控能够促进体育旅游资源的统筹规划、有序开发，可以避免资源重复开发和资源浪费，而且对资源价值的提升也非常有利。

体育旅游资源开发缺乏统一规划和宏观管理，是造成各地体育旅游项目单一雷同、特色不明显的主要原因，从而导致了很多地方对体育旅游项目盲目开发、重复建设，使地方经济效益和社会效益受到了影响，同时也破坏了生态环境，对体育旅游业的发展造成了严重制约。这就需要政府进行宏观调控，重视体育旅游背后的巨大商机和社会效益，加强统筹规划。此外，各地体育旅游开发者也要深入进行市场调查，避免定价太高、有效供给不足，否则会影响人们参与体育旅游的行为。

人们参与体育旅游的影响因素是比较广泛的社会性动因，形成于社会生活条件和文化教育的影响下，不同社会文化教育的要求不同，从人们头脑中反映出来的旅游动因也不同。

在对人们参与体育旅游具有直接影响的因素中，影响较大的有职业、家人的意见、经济实力及兴趣，其中职业对体育旅游者的闲暇时间有很大的影响，家人的意见对体育旅游者的旅游决策有影响，同时对出游机会有控制性影响，经济实力是体育旅游的必要条件，而兴趣属于从属地位。所以，在开发体育旅游资源之前，体育旅游经营者必须细分市场，开发能够满足体育旅游者不同层次需求的产品。同时，在现有市场的基础上对潜在市场进行开发，充分利用互联网这一现代传媒工具引导人们树立正确的消费观，引导人们参与体育旅游活动，培养人们参与体育旅游的意识，从而使其积极投入体育旅游中。

第二节 我国体育旅游资源的分布与开发现状

一、我国体育旅游资源的分布

（一）开发潜力较大的旅游资源分布现状

1.自然资源

（1）山体资源。我国山体资源非常丰富（表3）。调查显示，山地丘陵约占我国土地总面积的43%。

表3 我国著名的山体资源在各地的分布

地区	山体资源
北京	灵山、鹫峰、香山、百花山、海坨山
河北	苍岩山、雾灵山、碣石山
河南	石人山、嵩山、鸡公山
甘肃	团结峰、大雪山、党河山、七一冰川、冷龙岭
四川	松潘雪宝鼎、四姑娘山、峨眉山、泸定贡嘎山、青城山
山东	泰山、蒙山、崂山、千佛山
山西	五台山、恒山
陕西	华山
湖南	五陵源、衡山、张家界、九嶷山
安徽	黄山、九华山、八公山、琅琊山
湖北	九宫山、武当山、神农架
江西	庐山、龙虎山、青原山、井冈山
吉林	长白山
福建	武夷山
台湾	阿里山
浙江	雁荡山、天台山、普陀山、莫干山

续表

地区	山体资源
辽宁	千山
广东	罗浮山、鼎湖山、丹霞山
云南	玉龙雪山
新疆	公格尔峰、托木尔峰、博格达峰、雪莲峰、慕士塔格峰、慕士山、公格尔九别峰
西藏	乔戈里峰、启孜峰、珠穆朗玛峰
青海	年保玉则、阿尼玛卿、玉珠峰、祁连山脉岗什卡雪峰
内蒙古	巴林喇嘛山、包头九峰山

山体资源极具开发潜力，在体育旅游发展中可重点选择较为著名的山体资源进行开发。

（2）水体资源。我国水体资源丰富，有江、河、湖、海等各类资源（表4），仅内陆就有2万多个大小不等的湖泊，数百个瀑布，数十个瀑布群，10万多个泉。这些水体资源形成的湖景、海景、瀑景各具特色，风景优美，一些泉水极具疗养价值与旅游价值。

此外，我国有长1.8万多千米的海岸线，漫长曲折，有众多岛屿、群岛、列岛，海景旅游资源十分丰富，这也是非常重要的体育旅游资源。

表4 我国著名的水体资源的分布

分类	水体资源
河流	长江三峡 湖南的猛洞河、茅岩河、郴州东河 四川的都江堰 黑龙江的沾河、伊春河、汤旺河、黑龙江 广西的漓江、资江、五捧河、龙胜三江河、柳州融水贝江、宣州古龙河 新疆的叶尔羌河、塔里木河、和田河
湖泊	北京的十三陵水库 青海的青海湖 黑龙江的镜泊湖、五大连池 云南的洱海、滇池 福建的武夷山曲溪 湖南的洞庭湖 江西的鄱阳湖 安徽的新安江水库 江苏的太湖 新疆的天山天池、赛里木湖、喀纳斯湖

续表

分类	水体资源
泉水	北京的西山玉泉、小汤山温泉 山东的济南泉群 江西的庐山聪明泉 杭州的西湖虎跑泉 广东的从化温泉 西安的骊山华清池
瀑布	贵州的黄果树瀑布 陕西、山西两省交界的壶口瀑布 浙江的雁荡山瀑布群 江西的庐山瀑布群 安徽的天柱山瀑布群 四川的九寨沟瀑布群 吉林的长白山瀑布 台湾的蛟龙瀑布
江海 （海滩）	山东烟台的金沙滩、乳山银滩 河北秦皇岛的北戴河、南戴河 上海的南汇滨海 辽宁的大连金石滩 广东的阳江海陵岛 广西的北海银滩 海南的天涯海角

（3）沙漠资源。我国沙漠面积约70万平方千米，大量的沙漠虽然在一定程度上影响了人们的生产、生活，但也为体育旅游提供了丰富的资源，人们可以利用这一资源探险、挑战极限。目前，我国已有部分开发出来用作旅游的沙漠资源（表5）。

表5　我国已开发的沙漠旅游资源

地区	沙漠旅游资源
甘肃	敦煌玉门关 阳关沙漠
内蒙古	巴丹吉林沙漠 科尔沁沙地 库布齐沙漠 包头晌沙湾 巴丹吉林沙漠
新疆	塔里木盆地塔克拉玛干沙漠
宁夏	中卫沙坡头
陕西	榆林沙漠

（4）溶洞资源。我国有非常丰富的洞穴资源，主要分布在贵州、广西、云南、湖南、四川、江苏、浙江、山东、北京等地。目前已有300多处洞穴开放，这些洞穴的旅游价值得到了重视，因此被重点开发（表6）。

表6　我国著名的溶洞资源分布

地区	溶洞资源
北京	房山石花洞
河北	临城溶洞
重庆	武隆芙蓉洞
浙江	桐庐瑶琳仙境
贵州	安顺龙宫
辽宁	本溪水洞
广西	桂林七星岩 桂林冠岩 荔浦丰鱼岩 芦笛岩

（5）生物资源。我国有丰富的生物资源，这与我国幅员辽阔、地形复杂、气候多样及植被丰富有关。我国设立了多个自然保护区来保护这些生物资源，其中有不少著名的自然保护区（表7）。

表7　我国著名的自然保护区

地区	自然保护区
黑龙江	齐齐哈尔市东南的扎龙自然保护区
辽宁	旅顺口西北约20千米的渤海中的蛇岛
吉林	纳入联合国教科文组织世界生物圈保护区网络的长白山
湖南	张家界国家森林公园
云南	大理蝴蝶泉、西双版纳自然保护区
福建	鸳鸯溪、武夷山自然保护区
海南	琼山区德东寨港自然保护区
江西与青海	鸟岛
四川	卧龙和鼎湖山自然保护区

2.人文旅游资源

我国历史悠久，古迹众多，形成了包括帝王宫苑、古人类遗址、园林建筑、帝都名城、石窟碑碣、名人故居、革命文物等在内的丰富的人文旅游资源（表8）。

表8　我国部分人文旅游资源

分类		人文旅游资源
古陵墓类		北京明十三陵 河北易县清西陵 河北遵化市清东陵 浙江杭州市西湖以北的栖霞岭南岳飞墓 陕西黄陵县黄帝陵 陕西临潼秦始皇陵 陕西兴平县汉武帝茂陵 陕西乾县梁山乾陵 陕西礼泉县九宗山昭陵 陕西霍去病墓
宗教类		北京西便门外白云观 山东长清区方山之阳灵岩寺 河南洛阳市白马寺 浙江天台山国清寺 江苏南京栖霞山栖霞寺 湖北当阳市玉泉寺 陕西交城县玄中寺 陕西周至县南秦岭山地北麓的楼观台 广东广州市光孝寺 青海湟中县塔尔寺 云南昆明市玉案山筇竹寺 西藏日喀则扎什伦布寺 西藏拉萨大昭寺
石窟寺类		山西大同云冈石窟 河南洛阳龙门石窟 甘肃敦煌石窟 新疆拜城县东克孜尔千佛洞 重庆大足区大足石刻
园林建筑类	古代三大建筑群	北京故宫、河北承德避暑山庄和外八庙、山东曲阜孔庙和孔府
	四大名楼	湖北省武汉市黄鹤楼、湖南省岳阳市岳阳楼、山西省永济市鹳雀楼、江西省南昌市滕王阁
	古代园林	山东省济南市潀林、江苏省苏州市苏州园林、无锡园林、扬州园林

（二）开发潜力较大的体育资源分布现状

1.民族体育资源的分布

我国是多民族聚居的国家，各民族历史文化、风俗习惯、节日活动及体育活动都各有特色。在长期的发展中，这些民族孕育出了丰富的少数民族体育活动，从而为体育旅游的发展提供了丰富的资源（表9）。此外，各民族的民族风情、地域风光同样也是重要的独具特色的体育旅游资源，发展潜力巨大。

表9 我国部分民族传统体育项目

民族	民族传统体育项目
普米族	射箭、射弩、跳高、秋千、摔跤、板羽球、击鸡毛球、转山、转海等
基诺族	打毛毛球、丢包、丢石头、高跷踢架、跳（扭、翻、顶）竹竿、拉绳秋、跳牛皮鼓等
景颇族	景颇武术、秋千、扭杠、跳高、顶杠、跳远、爬竹竿、打汤跌（火枪射击）、打弹弓等
藏族	赛马、射箭、跳高、秋千、跳绳、呆加（抱石头）、双人拔河、牛角、撑台等
布朗族	爬竿、秋千、藤球、陀螺、登山、跑马、思略兰、武术等
德昂族	射弩、弹弓、武术、跳象脚鼓等
蒙古族	游泳、秋千、划船、武术、跳乐、摔跤、马术、打布备、赛马、布木格、击石球、套马、打唠唠球、踢牛嘎拉哈等
水族	赛马、跳桌子、狮子登高、翻桌子、荡秋千等
彝族	摔跤、荡秋千、耍龙、陀螺、飞石索、弓弩、跳火绳、耍狮子、骑术、潜水、跳牛、蹲斗、扭扁担、抵肩、三方拔河、爬油杆、跳高脚马、武术等
白族	赛花船、打霸王鞭、绕二灵、陀螺、登山、跳火把、耍海会、老虎跳、赛马、跳花棚、射箭、耍龙、磨秋、武术等
哈尼族	摔跤、陀螺、阿弩塔、拉手、跳高跷、猴子、鼓刀跳、车秋、磨秋、跳大海、抵肩、射击、跳竹筒、爬树追逐、武术等
傣族	赛龙舟、陀螺、打蔑弹弓、放高升、打水枪、赛马、独木舟、抓子、打藤球、游泳、丢包、象脚鼓对踢、游水、堆沙、武术等
回族	武术、气功、扳手腕、赛马、扭扁担、斗牛、踢毛毡、耍狮子、叠罗汉、木球、游泳、方棋、查拳、汤瓶拳、凤影剑、梅花双刀等
傈僳族	爬绳、爬杆、游泳、四方拔河、球戏、滑板子、辣地、拉绳、磨秋、陀螺、射箭、荡秋千、投掷、车秋、弩弓、爬刀竿等
拉祜族	爬膝、投矛、游泳、武术、赛马、射箭、摔跤、高跷、鸡毛球、秋千、打马桩、踩脚架、陀螺、葫芦笙舞等
壮族	武术、抛绣球、抢炮、走马、磨秋、车秋、荡秋、踩高跷、匦舟舟等

民族	民族传统体育项目
苗族	掷石、射弩、磨秋、车秋、跳狮子、摔跤、登山、掷鸡毛球、踢草球、斗牛、斗马、跳棍、叠人、爬花杆、武术等
朝鲜族	摔跤、跳板、秋千、足球、朝鲜象棋等
达斡尔族	波依阔、套力棒、掷坑、赛马、射箭、摔跤、游水、滑冰、抓"萨克"等
锡伯族	赛马、射箭、摔跤、打"螃蟹"、踢"熊头"、打瓦、滑冰、游水、嘎拉哈等
鄂伦春族	射箭、赛马、摔跤、滑雪、撑竿跳、扳棍、比颈力、搬石头、桦皮船比赛等
鄂温克族	滑雪、狩猎、赛马、套马、摔跤等
赫哲族	叉草球、射箭、叉鱼奏、划船、摔跤、游水、爬山、滑雪、打爬犁、秋千等
黎族	跳竹竿、打花棍、钱铃双刀、穿藤圈、射箭、粉枪射击、拉"乌龟"等
土家族	摆手舞、跳灵舞、靠灯舞、花灯舞、地盘子、连响、丈鼓舞等
哈萨克族	叼羊、姑娘追、赛马、赛骆驼等
维吾尔族	切力西、达瓦孜、萨哈尔地、帕尔孜等
畲族	畲拳、越火堆、抄杆、蹴石磉、武术、打枪担、猎捕、马灯舞等
柯尔克孜族	赛马、射箭、摔跤、姑娘追、飞马拾银等
佤族	脚斗、顶杠、跳高、抢石、拉木鼓、骑射、射弩、摔跤、拔腰力、鸡棕陀螺等
独龙族	独龙天梯、溜索、绳梯、手劲、跳高、撑竿跳高、标枪、射弩、投石器、拉姆等
满族	骑马、射箭、摔跤、踢毽子、拉地弓、狩猎、追射、打铜锣、采珍珠（尼楚赫）、赛船（赛威呼）、武功、打秋千、嘎拉哈等
纳西族	赛马、木球、布球、秋千、拔河、射箭、转山海、赛跑、东巴跳、登刀梯、踢毽子、驯牛、摔牛跑罐等
瑶族	武术、翻跟斗、弓弩、丢花包、陀螺、射击、秋千等

2.体育赛事资源的分布

第六次全国体育场地普查显示，截至2013年底，我国体育场地共有169.46万个，建筑面积2.59亿平方米，场地面积19.92亿平方米。我国能够承办国际型赛事的体育场馆较以往有所增加。体育场地、场馆是非常重要的体育赛事资源，为我国承办体育赛事提供了基本条件。

（三）开发潜力较大的体育旅游资源分布现状

我国北京、四川、广东、黑龙江、山东、内蒙古、上海等地都分布着大量极具开发潜力的体育旅游资源。下面主要分析北京、黑龙江、内蒙古的体育旅游资源分布情况。

1.北京市体育旅游资源分布

（1）自然资源。

①土地资源。北京市的海坨山、白草畔、百花山、生存岛以及延庆康西草原等土地资源都可开发成体育旅游项目。

②水体资源。北京水资源丰富，如北京有三大河流、五大水系、五大水库等（表10），这些资源都具有开发潜力，因此北京在发展体育旅游方面具有资源优势。

表10　北京的水体资源

分类	水资源
三大河流	温榆河 永定河 潮白河
五大水系	温榆河水系 永定河水系 潮白河水系 洵河水系 拒马河水系
五大水库	怀柔水库 密云水库 官厅水库 海子水库 十三陵水库

③花木资源。北京植被覆盖率很高，可以开展观赏类体育旅游活动，如北京香山，每年都会有很多游客去观赏枫叶。

（2）人文旅游资源。

①空中资源。北京红螺湖旅游区、朝阳公园等地作为体育旅游空中资源，可用来开展跳伞、空中飞降、蹦极等旅游项目。

②乐园资源。北京有众多游乐园、滑雪场、大型体育场馆、度假村等，这些都是开发体育旅游项目的重要资源条件。

③节庆资源。北京每逢庙会时，太极拳（扇）、扭秧歌、舞龙舞狮等体育项目表演活动十分精彩，这些节日习俗是体育旅游资源的主要开发对象。

2.黑龙江省体育旅游资源分布

（1）自然资源。

①山体资源。黑龙江省西、北、东三面环山，森林面积在全国排第一。西部

的大兴安岭是森林观鸟、漫步、探险的理想场所；中北部的小兴安岭属低山丘陵地形，东高西低、南高北低，在体育旅游资源开发方面具有很大的潜力；东南部常年降雪，山地坡度适中，适合发展冰雪旅游项目。总之，黑龙江山体资源丰富，适合开发攀岩、登山、狩猎、溜索、森林徒步、滑雪、滑草等体育旅游活动。

②水体资源。黑龙江省水系发达，适合开发的水上体育旅游项目有划船、垂钓、游湖等。

（2）人文旅游资源。

①空中资源。以二龙山景区为代表，溜索、高山滑道、滑翔伞等很多体育活动目前已经被开发出来，深受游客喜爱。

②节庆资源。黑龙江省节庆资源丰富（表11），各种节庆活动都具有纪念、象征意义，体育旅游价值高，这些都在很大程度上促进了当地体育旅游经济的发展。

表11 黑龙江省节庆旅游资源

分类	节庆活动
商贸节庆	哈尔滨国际啤酒节 中国哈尔滨经济贸易洽谈会
民俗节庆	中国黑龙江国际火山旅游节 五花山赏秋节 五大连池火山圣水节 漠河夏至节 方正莲花节 木兰滚冰节 齐齐哈尔观鹤节 镜泊湖金秋节
文化艺术节庆	阿城金源文化节 哈尔滨之夏音乐会
冰雪节庆	中国哈尔滨国际冰雪节 中国黑龙江国际滑雪节 哈尔滨冰灯游园会
少数民族节庆	蒙古族那达慕大会 朝鲜族老人节 达尔翰族敖包会 回族开斋节 锡伯族抹黑节和西迁节 鄂温克族米阔鲁节 柯尔克孜族诺劳孜节

（3）民族体育资源。黑龙江省分布着很多少数民族，如满族、朝鲜族、蒙古族、鄂伦春族、鄂温克族等。这些少数民族在长期的历史中形成了丰富的传统体育项目，开发这些项目有利于推动黑龙江体育旅游的发展。

（4）体育赛事资源。黑龙江地理位置优越，国际及国内高水平冰雪项目赛事经常在此举办，而且在黑龙江省被国家正式挂牌的训练基地中，运动训练队与参赛队是主要消费人群，适时开发运动训练基地可有效拉动体育旅游的发展。

3.内蒙古自治区体育旅游资源分布

（1）自然资源。内蒙古自治区草原广阔，森林资源丰富，具备发展体育旅游业的优势与潜力。

（2）人文资源。内蒙古自治区的宁城热水汤、洞金山卧佛、辽中京大明塔、岱海遗址、明长城、老虎山聚落、小板升汉墓壁画等人文资源都能够用来开发体育旅游项目。

（3）民族风俗节庆资源。内蒙古自治区分布众多少数民族，各民族都有独具特色的风俗节庆活动，所以可将此作为突破点来发展当地体育旅游。

（4）传统体育项目资源（表12）。开发内蒙古自治区传统体育项目可大力推动体育旅游业发展。

表12　内蒙古自治区传统体育项目分布

项目	分布地区
草原骑马	加各达奇 陈巴尔虎左旗 鄂温克族自治旗 根河 哲里木盟
赛马	阿拉善右旗 苏尼特右旗 阿巴嘎旗 四子王旗 多伦 桑根达来 泰仆寺旗 鄂温克族自治旗 科左中旗 库伦旗 科左后旗

续表

项目	分布地区
驯马	加各达奇 陈巴尔虎左旗 鄂温克族自治旗 阿巴嘎旗 正镶白旗 正蓝旗 镶黄旗
狩猎、斗马	鄂伦春自治旗 巴彦浩特镇
套马	哲里木盟 锡林郭勒盟 鄂温克族自治旗
雪地颠马	鄂温克族自治旗 鄂伦春自治旗
叼羊	锡林郭勒盟 西乌珠穆沁旗 东乌珠穆沁旗 鄂温克族自治旗 阿荣旗 鄂尔多斯市
马拉雪橇、骆驼雪橇	牙克石市 海拉尔市 加各达奇 鄂温克族自治旗 鄂伦春自治旗
珍珠球、跳马、跳骆驼	呼和浩特市 包头市 阿拉善右旗（巴彦浩特）
赛骆驼	四子王旗 多伦 桑根达来 阿拉善右旗 阿拉善左旗 阿右旗额肯呼都格镇 鄂温克族自治旗 鄂尔多斯
驯鹿	鄂伦春自治旗
跳板、秋千、顶碗、拔河	阿荣旗新发朝鲜族乡东光村 乌兰哈达镇三合村

续表

项目	分布地区
踢毛毽	呼和浩特市 乌海市
布鲁	锡林浩特市 鄂尔多斯
射弩	锡林郭勒盟 呼伦贝尔盟
爬犁	鄂温克族自治旗 鄂伦春自治旗
滑沙	伊克昭盟（达拉特旗） 阿拉善右旗 额济纳旗 腾格里鄂里斯
驼球	阿拉善右旗
中国式摔跤	锡林郭勒盟
撑竿跳、摔跤、射击	呼和浩特市 乌海市 阿拉善右旗 鄂温克族自治旗 鄂伦春自治旗
颈力、皮爬犁、射弩	阿拉善右旗 额济纳旗 鄂温克族自治旗 莫力达瓦达斡尔自治旗
抢枢	鄂温克族自治旗
雪地叠罗汉	锡林郭勒盟 鄂温克族自治旗
雪地摩托车	满洲里市 额尔古纳右旗
博克	锡林郭勒盟阿巴嘎旗
布龙	鄂托克旗
滑草	根河 新巴尔虎左旗 新巴尔虎右旗 八大关牧场
漂流探险	阿尔山 巴彦浩特镇 哲罩木盟

续表

项目	分布地区
原始森林探幽	阿尔山 大兴安岭 小兴安岭 莫尔道嘎
那达慕	呼伦贝尔盟 鄂温克族自治旗 锡林浩特市 巴彦淖尔乌拉特前旗
滑雪、滑冰	呼伦贝尔 阿尔山
蒙古象棋	阿右旗额肯呼都格镇 伊克昭盟 额济纳旗
曲棍球	鄂温克族自治旗 莫力达瓦达斡尔族自治旗

二、我国体育旅游资源的开发现状

(一)体育旅游市场需求量较大

自我国大力推广法定节假日以来，假期旅游者的数量不断增加，家庭集体出游越来越普遍。不同性别的体育旅游群体有不同的体育旅游需要，随着市场需求的变化，人们对探险、登山、野营、滑雪等活动的喜爱度不断提高。年龄、职业等都会影响人们对体育旅游资源的需要。但总体来说，我国体育旅游市场需求量与日俱增，这对体育旅游市场开发及可持续发展来说是一个很好的刺激。

(二)对体育旅游资源开发的理解有限，服务质量低

体育旅游中兼有的旅游价值就是一般旅游价值，如观光、生态与文化价值等。现在，体育旅游参与者虽然在不断增加，但是大众对体育旅游资源并没有深入认识，对体育旅游资源的利用率也较低，可持续循环利用意识较差。只有充分开发体育旅游资源的生态文化等价值，才能最大限度地激发体育旅游业的创造力。要想将旅游资源充分利用起来，首先要从根本上认识体育旅游资源开发，加强宣传，在提高参与度和可持续性的基础上进行更好的开发。

现在，我国很多体育旅游地点的工作人员的服务意识、服务质量整体来说比较低，导致游客在体育旅游中无法获得好的享受，也无法对体育旅游资源的强大生命力进行体会，游客的二次消费动机难以被激发出来，因此必须提高工作人员的服务意识，提高游客对体育旅游的参与度，从而促进体育旅游资源的可持续开发。

（三）体育旅游资源开发的安全体制不健全

在体育旅游资源开发中，安全问题至关重要，由于现在社会事故频发，而体育旅游者参与程度较高，特别是国家法定节假日出行的人数大量增长，增加了交通压力，同时也带来了交通事故发生率的上升，这也是游客非常担心的事。再加上很多体育旅游资源本身就带有危险性，所以游客的安全存在一定的隐患。

体育旅游开发者必须高度重视体育旅游资源开发中的安全体制，只有制定出更健全的安全体制，才能进一步扩大体育旅游资源开发的空间与市场。

第三节　我国体育旅游发展的现状分析

一、体育旅游设施不完善

接待体育旅游者，体育旅游设施是最基本的物质设备条件。体育旅游设施包括旅游交通工具和设备、宾馆、饭店、供应旅游商品的商店、供旅游者运动和娱乐的设施以及满足旅游者不同需要和爱好的各种设施。例如，滑雪板、缆车、滑雪服装和急救设备是滑雪旅游的必备设施；划水板、划艇、救生艇、摩托艇、急救车等是水上运动旅游的必备设施。这些设施都是接待游客的必备条件。体育旅游市场开发的优劣一定程度上反映在体育旅游设施是否齐全、服务是否周到。设施齐全、服务周到是体育旅游市场发展的硬件条件，但目前来看，我国在这方面远远不及发达国家。

二、体育旅游资源开发利用程度不够

我国体育旅游业还处于起步阶段，规模较小，还有很多没有开发的体育旅游资源，目前已开发的体育旅游项目较为单一，生命周期短，而且体育旅游资源本来就有限，再加上利用不充分，所以开发利用程度较低。

我国体育运动场所和体育设施较少，大部分下设于机关单位或政府部门，向市场和社会开放的有限。同时，很多体育旅游经营者向市场推出高档次、高规格、高价位的"三高"体育旅游产品，市场定位不准确，存在明显"贵族化"倾向，没有认识到工薪阶层与学生在我国体育旅游市场中的重要性，没有形成面向这些群体服务的经营理念。

此外，我国体育旅行社少、体育旅游专业人才少、体育旅游产品少等供给类因素也对我国体育旅游市场需求产生了影响。

三、居民收入水平较低，体育旅游需求不足

我国同发达国家相比，居民恩格尔系数较高，在居民日常消费中，占主要位置的依然是基本食物。同时，我国经济发展存在明显的地区差异、城乡差距，东部地区和各大城市中的体育旅游消费人口在我国体育旅游消费总人口中占比较大，全国体育旅游消费水平整体偏低。当前，我国正处于社会主义市场经济转型期，各项社会保障制度有待完善，未来经济发展有很大的不确定性，人们的消费预期增加，因此我国体育旅游需求较少。

四、体育旅游产品结构单一、形式老化

随着国际客流的增加、游客自主意识的增强及体育旅游需求层次的提高，我国体育旅游产品供给不足的矛盾越来越突出，整体来说是被动的和力不从心的。包价形式的体育旅游产品长期以来无法满足不同年龄体育旅游群体的需求。另外，体育旅游产品质量问题也十分突出，有关部门应当重视起来。

五、缺乏体育旅游政策扶持

我国体育旅游起步晚，目前还没有出台有关体育旅游的法规政策，没有明确体育旅游归口管理部门，政府部门也没有充分重视体育旅游资源开发的经济效益。体育旅游资源开发缺乏优惠政策扶持导致我国体育旅游发展资金不足。而发展需求得不到满足、经费短缺对体育旅游资源开发、体育人才培训、体育旅游宣

传营销等方面来说都是致命的瓶颈。

第四节　我国体育旅游的可持续发展

一、加强规范管理

开发体育旅游市场，须严格加强规范管理，具体要从以下几方面出发。

（1）开发体育旅游市场，推动体育旅游市场的可持续发展，需要建立一套适合开展体育旅游的管理系统，创造有序的体育旅游大环境。

（2）对世界贸易组织关于服务行业中与旅游相关的规则进行深入研究，尽快制定与完善各类旅游规划的准则，促进体育旅游同国际旅游业的有机结合。

（3）依靠法律手段来严格监管体育旅游产品的生产和经营，对生产者和服务者的经营行为进行有效调整。

（4）先将有开展体育旅游经验的一批旅行社作为重点对象重视起来，政府要加强宏观调控，给予政策支持，在开发与规划、宣传与管理等方面发挥优势，积极培育与扶持各类体育单项联合会、体育协会和俱乐部，营造良好的社会氛围，大力开展体育旅游。

二、制定整体发展规划，加强部门合作

体育旅游的发展与旅游产业、体育产业息息相关，只有加强相关部门的协调，才能使体育旅游的效益得到提高。此外，体育旅游是一种特种旅游，需要具备场地、设备、器材、安全设施等各种条件，特别要注重安全问题。所以，要打破管理部门的条块分割，促进交融与渗透，共同推动体育旅游业发展。

体育旅游市场巨大，应将体育、旅游两个部门联合起来，摒弃门户之见，共同将体育旅游产业做强、做大，体育旅游产业决策者及从业人员应主动出击，发挥旅游部门遍布全国各地的优势，利用这些分支机构推广体育旅游。另外，旅游部门也应积极配合，成立专门的体育旅行社，向体育旅游消费者提供专业服务，促使体育业和旅游业获得双赢。

三、细分体育旅游市场

受性别、年龄、职业、社会地位、文化程度、身体素质、个人阅历等因素的影响，体育旅游者的旅游需求各有不同。而且，随着我国市场经济的不断发展，体育旅游需求的层次性越来越明显，不同消费群体的需求存在明显的差异化。所以体育旅游开发应以体育旅游者需求为基础，通过市场细分开发产品，从体育旅游者的偏好出发，有针对性地提供个性化服务。

四、加大体育旅游的宣传营销力度

体育旅游能否成为独立的产业，一定程度上由宣传促销工作的开展程度所决定。因此，旅游部门必须加强宣传，通过舆论导向使人们对这种新兴的旅游产品有更深入的认识，使人们的体育旅游消费行为从潜意识状态转变为有意识的自觉行为。因此，要不断完善体育旅游宣传促销手段，运用多种宣传促销形式（歌曲、广告、影视、互联网等）提升影响力、扩大覆盖面，同时提高宣传手段的科技含量，使体育旅游宣传更有实效。

五、培养专业的体育旅游人才

体育旅游专业性强，部分体育旅游产品极具危险性，要求提供科技含量和安全性能较高的服务设施，同时要求管理和服务人员具有较高的专业水平。但目前我国缺乏体育旅游人才，全国开设体育旅游专业的院校较少，且在人才培养目标、人才规格等方面与体育旅游发展要求不符，人才短缺严重制约体育旅游的快速发展。因此，必须加快对符合市场需求和时代特点的体育旅游专业人才的培养。

第三章 体育旅游市场开发的过程及其系统分析

市场是商品经济发展的产物，体育旅游市场是在商品经济条件下随着体育旅游活动发展而形成的旅游产品和服务交易场所。体育旅游市场的开发对于促进我国体育旅游事业发展、体育事业发展具有非常大的作用。从经济学角度来说，体育旅游市场是一种重要的商品市场；从体育和旅游学角度来说，体育旅游市场的发展应遵循体育和旅游发展的基本规律，在合理开发和利用体育与旅游资源的基础上实现可持续发展。本章重点就体育旅游市场的开发过程及其系统进行详细分析。

第一节　体育旅游市场细分

一、体育旅游市场细分的概念

市场细分，又称市场分割，是市场经营主体——企业辨别具有不同消费需求和欲望的消费者，并结合不同消费者采取相应市场活动的过程。

体育旅游市场细分，是指体育旅游企业对体育旅游消费者进行分析，将属于某一整体客源市场的旅游者，按一种或几种因素进行分类并形成不同特点的各个子市场的活动[1]。

在体育旅游市场的发展过程中，细分体育旅游市场，是不以体育旅游市场企业的经营和管理者的个人意志为转移的，体育旅游各个细分市场是客观存在的，

---

[1]　柳伯力，陶宇平.体育旅游概论[M].北京：人民体育出版社，2003.

企业的各种经营和管理决策及行为要以细分市场的消费者需求为依据开展，由此可见体育旅游企业的市场细分的重要性。

体育旅游企业的市场细分包括以下三个方面的含义。

（一）不同细分市场的消费特征不同

在市场经济中，不同的产品和服务具有不同的细分市场，不同的细分市场又具有不同的消费特征，体育旅游业的细分市场也不例外，市场不同，消费特征也不同。

就体育旅游业的细分市场来说，不同的细分市场代表不同的体育旅游消费者组群。消费者组群之所以不同，是因为不同类型的消费者的消费需求不同。如此，才形成了不同类型的消费者群体，进而形成了不同类型的消费者市场。

在体育旅游市场中，企业对市场进行细分，是因为不同消费者对旅游产品质量、价格的要求不同，故而需要对产品、价格进行差异化区分，如此才能占据更多市场，提高竞争力。

（二）同一细分市场的消费特征相同

市场细分，这里的"分"，既是对市场的差异化进行划分，也是对市场的同质化进行划分。一个细分市场包括许多类似的消费者，同时与其他细分市场的消费者有着区别。

在一个具体的细分市场中，消费者群体具有相似的消费喜好、消费需求、消费条件等，尽管每一个消费者的具体消费喜好、需求、条件有所差异，但是，体育旅游市场企业依然可以为同一个细分市场的消费者设计相同的产品与服务，实施相同的营销策略，以满足消费者需求。

（三）市场细分是分解与聚合的统一

体育旅游企业对市场进行细分，不是简单地分解客源市场，而是对市场的分解与聚合。

具体来说，体育旅游企业结合市场细分因素，将客源市场上有不同消费需求的旅游者群体归类，实现对体育旅游市场的分解。然后，体育旅游企业再对体育旅游市场上对本企业的产品和服务有积极反应的消费者群体进行集合分类，归纳这类消费群体的特点，并有针对性地设计产品和服务、实施营销，以实现自身市场规模的不断扩大，完成对体育旅游市场的整合。

二、体育旅游市场细分的作用

（一）便于确定企业战略

在商品市场竞争中，企业战略的确定对企业的生存和发展是非常重要的。企业战略主要考虑以下问题：企业提供什么产品或服务，企业的服务标准和重点是什么，企业的市场发展目标和方向是什么。

对于体育旅游市场中的企业来说，企业战略是其经营战略与策略决策的集中体现，是当前和未来所有经营决策和行为的基础。体育旅游市场中的企业的产品生产和服务方向的确定，是接下来进行科学市场细分的重要基础。

（二）有利于寻找市场机会

体育旅游是一个新兴产业，市场发展前景广阔，市场竞争激烈，每一个积极入市的企业都想要在市场竞争中站稳脚跟并不断扩大市场。对此，必须做好市场细分，如此才能为市场竞争决策提供依据，才能更好地把握市场机会，抢占市场。科学的市场细分可以帮助企业从众多的市场机会中选择适应本企业资源潜力的最佳市场机会。

在体育旅游市场中，对于企业来说，其所面对的整个体育旅游市场环境、细分市场特征和规模等，并不是一成不变的，而是处于动态的发展变化中的。具体来说，消费者的需求是不断变化的，在不同的时期会表现出不同的特点，对于企业来说，能够准确地预知未来的市场需求，就能提前把握市场竞争机会。

就我国体育旅游市场发展来说，体育旅游消费者的需求变化就是我国体育旅游市场中的各企业在进行市场细分中必须考量的因素，如果企业能及早发现体育旅游市场方向的变化，就能在体育旅游市场竞争中，提前准备好相应的体育旅游产品和服务，并做好体育旅游市场宣传，与体育旅游消费者的需求"一拍即合"，从而赢得更多的消费者市场，也就自然能提高体育旅游产业的市场竞争优势。例如，在我国申办与筹备2022年冬奥会的过程中，与其他旅游产业相比，冰雪项目的体育旅游具有明显的市场优势，在近期和未来一段时间内，冰雪旅游必然比其他旅游占据更多的市场份额。以细分领域滑雪为例，万科滑雪事业部发布的《中国滑雪产业白皮书》（2016年版）显示，2015年国内滑雪人口已经达到1250万。目前，中国冰雪体育旅游的消费者人数还在以每年约21.4%的速度增长，北京—张家口成功申办2022年冬季奥运会，可促使我国体育旅游市场尤其是冰雪体育旅游迎来一个发展高峰（图1）。对此，就要契合市场发展，增加冰雪旅游产品种类，提升服务质量，抓住冬奥会契机扩大市场规模。

图1　我国滑雪人口增长情况

需要特别指出的是，体育旅游市场中的机会众多，这些市场机会是否对本企业有利，需要做好市场判断，不能盲目入市，发现市场机会并不意味着就能抓住市场机会。能否抓住市场机会，还与企业的资源潜力、市场适应性和市场选择性等诸多因素有关。

（三）有利于市场策略制定

现阶段，体育旅游市场已经从卖方市场转为买方市场，对于这种转变，体育旅游企业要正视自己在市场竞争中的优势和劣势，以细分市场为导向，科学决策。

当前，在体育旅游产业买方市场的背景下，体育旅游市场竞争激烈。在这种市场环境下，体育旅游业通过市场细分可发现目标群体的需求特点，从而依据目标市场需求调整产品和服务的内容、结构、方向等，以满足细分市场需求，同时提高经营效益。

三、体育旅游市场细分的要求

（一）可衡量性

进行体育旅游市场细分，用于细分市场的标准和各个因素必须是可以衡量的，换句话说，在体育旅游市场细分过程中，企业必须充分了解和认识到体育旅游者对体育旅游产品的需求偏好具有明显的特征，这些特征是可测定的。

（二）适度规模

对体育旅游市场进行细分之后，体育旅游企业应找准自己的细分市场，并着手进行细分市场的开发。细分市场是否具有开发价值，需要慎重思考。

一个细分市场是否具有经营价值，主要取决于这个市场的规模、消费水平以及体育旅游业的经营能力。在当前我国体育旅游市场环境稳定、体育旅游消费者消费水平稳定的情况下，在体育旅游市场中，对于企业而言，一个细分市场是否具有开发价值与该细分市场的规模有关。细分市场不能过大，也不能过小。细分市场规模过大，企业可能无法有效地集中营销力量，开展经营活动；细分市场规模过小，企业可能发挥不出资源优势，无法扩大经营规模。

在体育旅游市场细分过程中，企业要根据自身的实际情况和能力确定细分市场的规模。

（三）发展潜力

在市场竞争中，企业要想得到发展，必须将眼前利益和长远利益结合起来，体育旅游市场竞争企业的生存和发展也要充分考虑眼前利益和长期利益。

因此，体育旅游业在市场细分时，必须考虑所选择的细分市场的状态以及需求发展阶段。如果所选择细分市场已发展成熟，不具有长期发展潜力，那么选择该细分市场后企业的经营风险将会增加，是不利于企业长期发展的。

四、体育旅游市场细分的程序

（一）确定企业的市场经营范围

一个企业在市场竞争中要站稳脚跟，首先要确定企业的经营领域与经营战略目标，之后，就要结合企业的经营领域和战略目标确定市场经营范围。

企业经营范围，具体是指企业的产品和服务所面向的消费者群体范围，在体育旅游市场竞争中，体育旅游企业的市场经营范围是体育旅游市场细分的基础和前提。在进行体育旅游市场细分时，体育旅游企业可围绕自身的市场经营范围进行市场细分，分析消费者的消费特点与动向，以整合相应资源开展经营。

（二）确定市场细分因素与标准

科学确定细分因素与细分标准，是体育旅游市场细分的关键环节。具体来说，体育旅游市场细分因素与细分标准的确定，是企业进行细分市场划分的前提。

在确定体育旅游市场细分因素与标准时，企业应分析不同的体育旅游需求特征，并进一步确定市场细分标准。

（三）确定所选细分市场的名称

体育旅游企业进行市场细分，可根据各个细分市场体育旅游需求的典型特征，利用形象化的语言确定细分市场名称，以便于在日后的经营决策中，能始终抓住细分市场主要特点，并结合细分市场特点科学决策和实施经营策略。

（四）分析细分市场的经营机会

根据细分因素与细分标准对市场进行细分之后，体育旅游企业要分析所有细分市场经营机会。这样做的目的就是判断细分市场是否具有经营价值，能否为企业发展创造利益。

通常来说，细分市场的经营机会与其需求规模成正比例关系、与竞争强度成反比例关系：需求规模愈大，经营机会愈大；竞争强度愈弱，经营机会愈好。因此，应综合考虑。

五、体育旅游市场细分的标准

进行体育旅游市场细分，要准确把握体育旅游消费者的需求差异性，这就需要企业明确体育旅游消费者的需求差异性具体按什么标准细分。

当前，体育旅游市场细分的标准有地域特征、人口特征与心理特征三类（图2）。各个体育旅游企业可根据自身经营目标、经营市场范围、经营规模等来确定细分的标准。

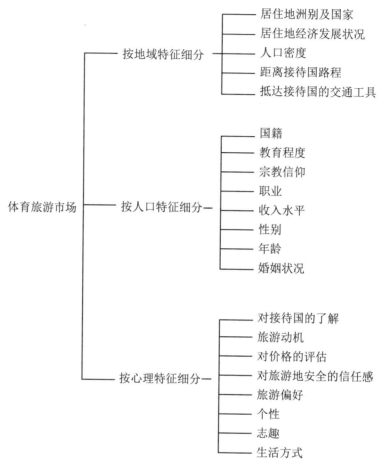

图2　体育旅游市场细分标准

（一）地域特征标准

体育旅游市场细分标准中，地域特征标准是最常用的一个，具体是指体育旅游相关经营企业根据地理因素对客源市场进行细分，将目标消费者和潜在消费者根据地理区域进行划分。

自然条件、政治、经济和文化会直接影响区域内消费者的消费习惯、方式、需求等。来自不同地理区域的体育旅游消费者会因自然地理环境、经济水平、文化状况等表现出明显的地区差异。

因此，对于规模较大的体育旅游企业来说，其接待的体育旅游消费者众多，来自全国或者世界各地，因此，在体育旅游市场中，根据体育旅游者的国别、地区和城市，对消费者进行地理位置的区分是非常常见的，其具有以下优点。

（1）有助于体育旅游企业最快速地把握不同区域的体育旅游消费者的特征与习惯。

（2）有助于体育旅游企业研究不同区域的体育旅游消费者的需求特点、需求总量、需求水平和需求方向。

（3）有利于体育旅游企业针对不同区域的体育旅游消费者的特点营销。

根据地域特征标准进行体育旅游市场细分，应充分考虑市场密度，明确细分市场的区域总人口、经济发展水平、体育文化等。

（二）人口特征标准

体育旅游市场的消费者是人，人是构成体育旅游市场的基本因素，因此人口特征的研究对于体育旅游企业的市场细分来说也具有重要的参考价值。

根据人口特征对体育旅游市场进行细分，应考虑以下因素：总人口（研究特定区域内的总人口）；人口的自然状态（人口的地理分布、年龄结构、性别结构、家庭结构）；人口的社会构成（人口的民族、宗教、教育、职业、阶层、经济、收入构成等）。

不同自然状态和社会构成下的人的体育旅游需求的具体规模、时间、体育运动内容倾向、消费水平高低等方面会有明显的差异，因此按照人口特征标准进行体育旅游市场细分是非常必要的，有助于体育旅游企业结合消费者需求差异，根据企业的特点和优势，准确选择目标市场。

要了解不同自然状态和社会结构的体育旅游消费人口的消费特征，就要重点对不同体育旅游消费的体育旅游影响因素进行深入研究，具体分析如下。

1.不同性别体育旅游消费人口的体育旅游影响因素

调查发现，性别不同其影响因素也不尽相同。其中，性别之间差异性较小的因素为对体育旅游的不了解和缺乏时间，最显著的就是经济、兴趣和安全顾虑这三种因素。在缺乏时间因素方面，男性要比女性概率高一些，其他因素男性均低于女性，女性对体育旅游的安全顾虑要明显高于男性。

2.不同年龄体育旅游消费人口的体育旅游影响因素

年龄是影响个体参与体育旅游的重要因素，由于年龄因素而产生的各种差异，导致不同年龄阶段的人参与体育旅游的需求表现出明显的不同。

对于7~18岁的儿童、青少年来说，经济因素和时间因素是影响他们参与体育旅游的最主要因素，其次是不太了解体育旅游项目，兴趣这一因素影响最小。这一统计结果表明，儿童、青少年对体育旅游项目感兴趣，但是由于经济和时间条件的限制和对体育旅游了解不够，参与体育旅游受到限制。

对于19~25岁年龄段人群来说，兴趣是影响这类人群参与体育旅游的最小因素。此类人群年轻、有活力，大多数处于大学阶段，学业、工作压力较小，时间相对充裕，对"外面的世界"充满好奇，有探索欲，喜欢和崇尚旅游，但是对于体育旅游不甚了解，由于受到经济条件限制，多不能付诸体育旅游实践。另外，虽然大学生课业不重，但是真正放松的大段时间主要集中在寒暑假，旅游的时间也受到了一定的限制。

对于26~45岁年龄段人群来说，在体育旅游方面，经济条件的限制以及没有时间这两种因素的影响最大。对于26~35岁年龄段人群来说，刚刚步入社会或事业刚步入稳定期，收入有限，工作压力大，没有足够的经济收入和时间支持体育旅游；对于36~45岁这一年龄段的人群来说，他们已经承担起家庭责任，经济方面上，这些人群的压力较重，因此受到了一定的经济条件的制约，同时，由于受到家庭、工作等诸多事情的牵绊，没有很多时间和精力去参与体育旅游。

46岁及以上的中老年人，身体素质开始下降，会逐渐出现很多疾病，如骨关节病、心脑血管病、糖尿病等，因此用于医疗的开销很大，用于体育旅游活动的支出就减少了。另外，对于61~65岁这一年龄段人群来说，由于刚刚退休，时间因素已不是制约他们参与体育旅游的最主要因素，这一时期，部分体育旅游中的危险性影响着老年人参与体育旅游的热情。不了解体育旅游活动在很大程度上影响70岁及以上人群的体育旅游参与，有的人可能在无意中参加过这类活动，但是由于了解不够充分，所以不够积极。

3.不同文化程度体育旅游消费人口的体育旅游影响因素

文化程度不同，参与体育旅游活动的影响因素也不同。对没有参加过体育旅游活动的人群进行调查后发现，很多人不参加体育旅游主要就是因为对体育旅游活动不了解，对于没有接受过高等教育的人群而言，这一因素的影响是主要的。在文化程度较低的人群中，一部分人还正处于学习阶段，还有一部分人由于文化程度较低，较难成为高薪阶层。因此，经济条件的限制也有很大的影响。

4.不同职业体育旅游消费人口的体育旅游影响因素

不同职业人群，体育旅游安全顾虑因素的差异性较大，其他因素，如经济状况、没有兴趣、缺乏时间等在不同职业人群之间的差异性也比较明显。调查显示，经济状况和缺乏时间是不同职业人群体育旅游行为的重要影响因素。其他因素中，农工从业人员、学生及离退休人员对经济状况的选择率相对其他职业的人员要高，而缺乏时间这一因素则主要影响与运输设备相关的从业人员。待业人员除受经济状况和缺乏了解这两个主要因素的影响外，没有兴趣这一因素对其的影响也远远高于对其他从业人员的影响。待业人员迫切需要解决经济来源与生存问题，他们很难提起兴趣参加体育旅游活动。离退休人员，脱离了工作岗位，日常生活中对体育旅游信息的搜集也有限，因此对体育旅游的了解较少，但是此类人群有充足的时间参加体育旅游，时间并不是影响他们参与的主要因素。

5.不同收入体育旅游消费人口的体育旅游影响因素

这里的收入主要是指家庭收入而非个人收入。调查发现，有的家庭收入水平低无法支付体育旅游活动的费用，但是家庭收入较高的人群也没有积极参加体育旅游活动。关于这一现象，分析来看，没有兴趣这一因素对不同家庭收入人群参与体育旅游造成的影响有很明显的差异性。

在经济对家庭体育旅游行为制约方面，低收入家庭除了经济因素外，没有兴趣和安全顾虑是仅次于经济条件的因素，这说明如果能够及时、全面地对体育旅游进行宣传，并能够保证充足的时间，这类收入人群还是能够积极参加体育旅游活动的。对于收入较高的人群来说，对体育旅游缺乏了解和没有足够的空闲时间严重限制了他们对体育旅游活动的参与。调查还发现，人们的收入不同，对体育旅游活动的参与兴趣也不同。

（三）心理特征标准

当前社会，体育旅游消费者众多，针对同一地域特征因素、相似人口特征因素的体育消费群体，可以结合不同体育旅游消费者的心理特征标准进行体育旅游市场细分。

具体来说，不同的体育旅游消费者的体育旅游动机、生活方式和个性特征不同，因此，他们对于体育旅游产品（或服务）的爱好以及态度也不同，因此可能形成不同的体育旅游市场。

以城市居民的体育旅游心理分析来看，影响城乡居民体育旅游的两个重要因素是旅游兴趣、旅游安全。城乡居民并非对体育旅游没有兴趣，而且在一定程度上体育旅游项目的危险性也不能成为影响他们参与体育旅游的主要客观因素。因此从总体上看，影响城乡居民参与体育旅游的诸多客观因素中，不了解、经济限制和时间有限是最主要的因素，而兴趣和项目的危险性也对人们的体育旅游行为造成了一定程度的制约。因此，结合城市居民特点，体育旅游企业在扩大市场过程中，应重视城镇居民的体育旅游兴趣激发，加大热点、品牌、差异性宣传，应针对具有危险性的体育活动内容及时为体育旅游消费者提供安全信息，消除体育旅游消费者对体育旅游危险性的顾虑。

体育旅游经营企业根据消费者的心理特征细分市场，可从人们心理活动所形成的旅游动机、类型、方式、频率、价格喜好、品牌选择等，确定各细分市场的营销策略。

第二节　体育旅游目标市场的选择

一、体育旅游目标市场选择依据

（一）市场规模

市场规模是影响体育旅游企业选择目标市场的重要因素。体育旅游市场规模是对体育旅游的每个细分市场的现实客源量与未来客源量的判定。体育旅游业目标市场的客源规模，会直接影响体育旅游企业的经营效益。

在这里必须充分强调的是，重视目标市场的规模，并不是一味强调它的"绝对规模"，而是强调目标市场是否具有"适度规模"。"适度规模"是一个相对概念，即相对于体育旅游业资源条件与经营能力的市场规模。

在当前体育旅游市场激励的竞争中，有些体育旅游企业急于在体育旅游市场中"分得一杯羹"，常常在选择目标市场时，不考虑本企业的资源条件与经营能力，重视规模大的客源市场，忽视规模小的客源市场，形成众多体育旅游企业在同一细分市场经营的局面。这样会增加市场竞争的强度和企业经营风险。

（二）市场结构

所谓市场结构，具体是指体育旅游业与市场的关系特征与形式。在体育旅游市场竞争中，企业主要面临着三个方面的市场竞争和压力，即行业内的竞争者、潜在竞争者、旅游中间商的经营威胁。因此，企业必须认真分析自己所面临的市场结构，以便在选择目标市场时趋利避害，加强市场竞争优势。

1.市场存量

当市场已经存在一定数量的竞争者时，市场会接近饱和，进而失去经营吸引力。体育旅游市场也不例外。

在市场结构分析中，应充分考虑目标市场上体育旅游业的供应能力，针对某个接近饱和的目标市场，体育旅游业要想坚守，就要提高产品质量，加大促销力度，运用价格手段参与市场竞争，这样就必然会大幅度降低自身经营利润。因此，企业在选择目标市场过程中，应考虑目标市场竞争者的存量，选择竞争对手较少的细分市场作为自己的目标市场。

2.入市难度

如果体育旅游企业已经基本确定目标市场，应充分考虑进入该目标市场的标准和难易程度。一个目标市场对本企业有吸引力，也可能吸引一定数量的新的竞争者进入，那么，当新入市者与本企业实力相当时，该市场就会失去经营吸引力。

因此，在目标市场选择过程中，体育旅游企业应考虑目标市场上潜在竞争者进入的难易程度，选择那些潜在竞争对手难以进入的细分市场作为自己的目标市场。

3.市场干扰

在体育旅游市场中，作为体育旅游经营主体的企业与消费者之间并非直接接触和交易，还可能涉及许多中间环节的市场主体，这部分中间环节的市场经营者也想获得利益，所以对体育旅游企业的经营会产生一定的影响。

在确定目标市场过程中，当体育旅游企业选定的目标市场中负责提供客源的中间商具有较强的砍价能力时，中间商会要求体育旅游企业降低产品价格、提高产品质量、增加产品项目等，这会增加体育旅游企业的经营成本，该目标市场对体育旅游企业的经营吸引力就会相对降低。

因此，在选择目标市场过程中，体育旅游企业应考虑目标市场中间商的砍价能力，应选择中间商砍价能力较弱的细分市场作为自己的目标市场。

（三）市场发展潜力

市场发展潜力对体育旅游业经营效益具有重大影响，因此，在体育旅游企业的目标市场选择中，仅仅具有较大的市场规模是不够的，如果市场发展潜力不大，即使体育旅游市场占有率很高，也不会为体育旅游业带来较高的利润。

在体育旅游市场发展过程中，企业选择目标市场，应充分考虑该市场能不能为企业当前经营创造利益，能不能为企业和整个体育旅游业的未来发展创造利益。因此，细分市场不但要相对稳定，还要有发展潜力。

（四）经营目标与资源

体育旅游企业在选择目标市场时，除考虑上述因素，还要充分考虑体育旅游业的经营目标以及资源，以便确保体育旅游业的目标市场与企业的经营目标及资源状况相适应。

二、体育旅游目标市场选择过程

（一）分析细分市场

分析细分市场是体育旅游企业选择体育旅游目标市场的第一步，应广泛收集各种资料和数据，根据确定的市场细分因素及细分标准，全面研究以下内容。

（1）研究各类细分市场的客源情况，主要包括各类细分市场的年接待规模、停留天数和平均消费水平等，找出本企业应有的主要客源市场。

（2）研究原有客源市场的行业市场占有率，以便确定本企业的主要客源市场占有率及行业位置。如果体育旅游业主要客源市场在本行业内处于优势地位，且能充分发挥体育旅游企业潜在经营优势，则这个市场就是理想的目标市场。

（3）研究各类细分市场的发展潜力。企业应明确，所选目标市场经过体育旅游业的经营开发以后在一定时间内所能达到的需求规模，能否满足企业利益需求。

（4）研究影响各类细分市场发展的因素，如客源市场、市场结构、市场政策等。

体育旅游目标市场的选择是一个动态过程，对目标市场的科学评估应考虑多个因素。

（二）评估目标市场

体育旅游目标市场的评估是选择目标市场的第二个重要环节，评估内容和步骤具体如下。

1.评估各类细分市场的经营业绩

例如，经过对客源市场和本企业的经营特点分析，决定用体育旅游类型和体育旅游者消费水平两个因素细分市场。根据对本企业以往经营业绩的分析，可形成九个细分市场（参考表见表13）。

表13　体育旅游市场经营业绩评估（参考表）

产品类型	低档消费	中档消费	高档消费
休闲享受型			
竞技型			
极限型			

2.判断各类细分市场的经营吸引力

细分市场的吸引力会直接影响市场规模、企业竞争地位，因此需要重点分析和评估。

在体育旅游市场竞争中，如果客源不足，必然会形成各企业的价格竞争，造成企业利润降低。同时，即使市场需求大，如果企业在市场竞争中处于劣势地位，则该市场对体育旅游企业的经营吸引力也是较小的。如在对各类细分市场的经营业绩进行分析之后，初步选定休闲享乐型体育旅游作为目标市场，对该目标市场的经营吸引力分析可参考下表（表14）。

表14　目标市场经营吸引力分析（参考表）

休闲享乐型体育旅游	当年营业业绩/万元	次年预计营业业绩/万元	年增长率/%
行业营业额			
本企业营业额			
绝对市场占有率			

（三）确定竞争对手

在选择目标市场时，体育旅游企业应确定其在目标市场中的主要竞争对手和竞争对手的经营目标。

1.确定竞争对手

一般来说，体育旅游企业的主要竞争对手和其自身往往具有以下共同特点。

（1）体育旅游产品（或服务）价格相同或相似。

（2）体育旅游消费者群体相同或类似。

2.了解竞争对手的经营目标

经营目标对企业的经营具有重要影响，经营目标不同，则经营方向、经营重点、经营策略也会有所不同，最终企业的经营行为就会不同。对此，体育旅游企业要有充分的认识。

在对竞争对手的经营目标进行分析的过程中，要充分结合本企业的市场竞争实力，分析和评估本企业及竞争对手在目标市场中的优势与劣势。分析与自己有主要竞争关系的其他旅游企业的实力，分析其能否在目标市场达到其经营目标。对本企业和竞争对手的市场竞争实力分析应涉及市场知名度、产品（服务）质量、营销能力、营销网络、市场占有率等内容。

第三节　体育旅游市场的开发与规划

一、我国体育旅游市场开发的宏观环境分析

（一）良好的发展态势

我国体育旅游市场的发展是伴随着我国社会经济的发展而逐渐发展和成熟起来的。

改革开放以后，我国社会经济发展迅速，人民生活水平大幅提高，社会经济的快速发展，以及人民对高质量生活水平的追求和体育观念、健康观念、消费观念等的改变，为体育旅游市场的发展提供了良好的契机。

进入21世纪以来，我国国民体育参与观念日益增强，体育旅游成为很多人

日常健康休闲生活的重要组成部分，体育旅游市场群众基础广泛，市场规模不断扩大。

现阶段，我国体育旅游市场发展态势良好，具体表现如下。

（1）体育旅游项目越来越多，各体育旅游项目表现出了良好的体育旅游发展后劲。

（2）体育旅游基础设施不断完善。

（3）体育旅游人口持续增多。

（4）体育旅游市场需求不断加大。

（5）体育旅游消费水平逐渐提高，为国民经济收入的增加做出了重要贡献，体育旅游成为新的经济增长点。

（6）体育旅游发展政策环境良好。

（二）发展中的问题

1.缺少专业人才，市场开发后劲不足

体育旅游的专业性很强，对体育旅游从业者的专业水平提出了较高的要求。开发体育旅游市场，需要企业经营和管理者了解体育旅游发展规律、市场发展规律，有市场发展预测能力，有企业经营和管理能力，我国此类人才较少，很多体育旅游市场的开发都属于不同企业的相互"跟风"，缺乏科学决策。

现阶段，我国没有体育旅游从业标准，主要由俱乐部和旅行社来经营体育旅游。体育旅游行业中的相关工作人员大多数是非专业人员，他们未能深入认识体育旅游，在体育旅游市场开发过程中造成很大的资源浪费。

2.政府体育旅游市场监管和扶持力量较弱

从运行体制来看，一个健全的管理机制对体育旅游的发展是必不可少的。这就需要加强对管理机构的设立与管理人员的培训，加强对体育旅游市场规则的建立，规范体育旅游市场中各经营者的行为，营造良好的市场环境和秩序。

现阶段，我国政府对体育旅游市场的监管还不够严格，体育旅游市场中还存在许多不法行为和投机倒把等不当竞争行为，体育旅游市场秩序还有待进一步规范，为各体育旅游经营者创造更加公平、公正的竞争环境。

（三）市场发展预测

和经济发达国家比，我国体育旅游起步晚，但发展迅速，已经形成了良好的

体育文化氛围、体育经济氛围，体育旅游市场发展前景广阔。

根据中国投资咨询网的调查研究，2015年，我国体育旅游市场规模将近2065亿元，另据世界旅游组织资料，我国体育旅游市场规模占旅游总体的5%，还有巨大的发展空间（图3）。整体来看，目前我国体育旅游处于快速发展时期。

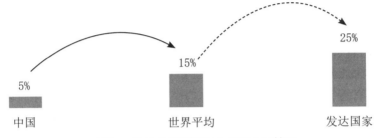

25%

15%

5%

中国　　　　　　　　　世界平均　　　　　　　　　发达国家

图3　我国体育旅游在全世界占比情况

近两年，随着我国对体育事业发展的重视，体育旅游的政策环境越来越好，体育旅游市场规模和需求不断扩大，再加上我国体育旅游产业的投资力度不断增加，我国体育旅游行业投资增速要远远高于其他产业（图4）。

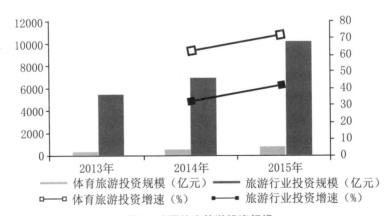

图4　我国体育旅游投资规模

在当前良好的政治、经济背景下，体育旅游为我国经济发展做出了重要贡献。

从我国体育发展来看，我国《全民健身计划》的全面实施、2008年北京奥运会的成功举办等为我国体育旅游发展提供了广阔的条件和背景，2022年北京—张家口冬奥会将为我国体育旅游市场发展带来新的契机。我国体育旅游资源丰富，世界旅游组织预测，我国未来将成世界最大的国际旅游客源地与目的地。

从国家综合实力发展来看，近年来，随着我国的实力不断上升，越来越多的人愿意了解中国，"一带一路"倡议的提出，更为我国"一带一路"沿线上冰雪体育旅游资源丰富的地区、民族传统体育资源丰富的地区发展对外体育旅游创造了良好的经济环境与政策环境，和其他国家体育旅游市场发展相比，我国体育旅游业发展具有良好的国际市场开发环境。

二、体育旅游产品开发类型

我国各地体育旅游产品丰富，当前，已开发的体育旅游产品主要包括三大类，即体验类体育旅游产品、观赏类体育旅游产品、实体类体育旅游产品（图5）。

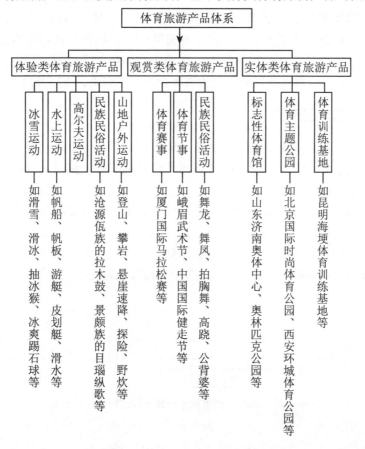

图5　体育旅游产品开发类型

现阶段，在我国体育旅游市场中，许多特色体育旅游产品在旅游地表现出了极强的生命力，为丰富旅游产品、促进本地体育旅游产业发展发挥了积极作用。新的体育旅游市场产品开发，应从以下几方面入手。

（一）绿色产品开发

就我国来看，体育旅游资源差异化明显，不同地区丰富的体育旅游资源类型为各种形式的体育旅游产品开发提供了良好的条件。如北方可以开发雪上运动，南方可以开发水上运动，新疆等地适合探险项目的开发，而多名川大山的地区更加适合开发登山、攀登等专项活动。

（二）民族产品开发

我国少数民族众多，民族传统体育资源丰富，如内蒙古的骑马，藏族的摔跤，朝鲜族的跳板，土家族的摆手舞、龙舟赛等。这些民族活动都有着深厚的文化底蕴和悠久的历史。其独特的魅力，在国内和国际体育旅游市场中，都具有较强的消费吸引力，应将具有民族特色的资源合理利用起来，重点开发。

（三）创新产品开发

体育旅游市场开发需要创新，创新是体育旅游产品开发的重要环节。体育旅游事业的强大吸引力，是以其新颖性和趣味性为前提的，这就需要在未来的发展道路上不断地创新。

在体育市场产品开发过程中，应通过设计旅游产品形象，吸引消费者，使创新产品在相对稳定的环境中生存和发展，并能不断地引导人们的文化时尚，取得竞争优势。需要提出的是，产品创新必须建立在迎合与满足市场需求的基础上，如果消费者的消费需求发生转移，那么必须进行新一轮的创新（图6）。

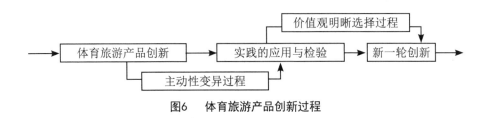

图6　体育旅游产品创新过程

（四）特色旅游活动开展

1.国内地方特色旅游活动开展

开发体育旅游市场，必须依靠现有的资源进行部署，应根据地方性特点开发体育旅游市场。具体市场操作如下。

（1）体育旅游经营与地方节庆充分融合。我国多数地区民族节庆较多，如龙舟节、登山节、海洋节、泼水节、风筝节、武术节等，这种节庆会吸引大量的游客。据此设计与开发体育旅游产品，有利于扩大市场规模。

（2）体育旅游经营与自然环境、文化资源融合。充分利用现有资源，创建新型资源，利用宣传效应设计风格独特的专项旅游产品，如海滨城市发展潜水、冲浪等水上项目体育旅游。

2.中国特色旅游活动开展

我国历史悠久、民族众多，国家特殊体育旅游资源丰富，吸引着诸多国外游客来中国旅游。据调查，我国入境旅游者中，首选旅游资源为山水风光和文物古迹，其次为民俗风情和饮食烹调。对此，可结合我国特色自然山水、文物古迹、民族民俗风情、饮食等资源设计产品形象，开展中国特色体育旅游[1]。

三、体育旅游市场新产品开发步骤

（一）构思

构思是新产品研发的第一步，具体应做好以下工作。
（1）了解体育消费者需要什么样的产品。
（2）分析相类似的产品还具有什么功能。
（3）分析体育经营组织人员、技术创新途径和方法。
（4）思考如何调整优化体育经营组织管理。

（二）筛选

（1）广泛搜集信息并整理和分析，对构思进行筛选，新产品的构思应该与企业的长远发展相协调。

---

[1]　于素梅.体育旅游资源开发研究[D].开封：河南大学，2005.

（2）考虑构思的可行性与可操作性。

（3）筛选时，综合考虑多方面的因素，包括竞争情况、市场需求情况和企业自身的情况等。

（三）产品概念成形

进一步探讨和发展筛选的产品构思，使其形成一定的产品概念，最终成为较为成熟的产品构思。

在确定产品概念过程中，应对其细分市场、性能、价格、潜在价值等方面有详细分析。通过对比分析，确定一个最佳产品概念。

（四）产品开发分析

1. 确立市场定位

体育旅游的开发不能盲目地进行，必须确立好自身的市场定位。市场定位在空间上要兼顾所有市场类型，同时要考虑职业、年龄等因素的影响（表15）。

表15　体育旅游目标市场定位

专项旅游类别	目标市场类型
大众性体育旅游	国内外所有市场类型
专业性体育旅游	具有专业技术的国内外运动员、竞技爱好者
刺激性体育旅游	国内外中青年市场
民族性体育旅游	国内外所有市场类型

2. 根据市场细分进行产品开发

不同体育旅游消费者的消费特点和需求不同。就性别来看，女性更喜欢观赏性、娱乐性和富有美感的体育旅游活动，男性更喜欢参与性强的体育旅游活动；就年龄来看，青年人会更加热衷于刺激性强的项目，健康型项目更多地适合老年人。因此，可结合市场细分开发体育专项产品（表16）。

表16　体育旅游产品开发设计

体育专项旅游产品	目标市场	产品开发作用	市场空间跨度
银发健身旅游产品	老年人	养生、康复	国内、国外市场
健美健身旅游产品	妇女和青年	减肥、健美	国内市场
休闲度假健身产品	都市居民	回归自然、休闲	国内、国外市场
探险体育旅游产品	中青年	超越、挑战自我	国内、国外市场

续表

体育专项旅游产品	目标市场	产品开发作用	市场空间跨度
自助体育旅游产品	白领职员	生存训练、团队协作	国内、国外市场
民族体育旅游产品	国内外游客	展现中华民族体育文化	国内、国外市场
赛事观摩旅游产品	体育迷	弘扬体育竞技精神、体验激情	国内、国外市场
节庆体育旅游产品	异地居民	体验异地文化	国内、国外市场
家庭赛事体育旅游产品	单个家庭	增进沟通、加强合作	国内市场
儿童竞技体育旅游产品	少年儿童	增知益智、意志培养	国内、国外市场

（五）商业分析

确定产品概念后，在整合、分析各种资料的基础上，对产品上市进行评估，分析所开发产品的成本、预期销售额及利润等，综合评定之后，如果可行，则进行下一阶段的工作。

（六）市场试销

可找一些消费者进行试验，小范围地在市场上对新产品进行论证，在真实的市场环境下检验产品是否符合消费者的需求，收集意见和建议，改进产品和服务，或果断放弃。

（七）产品上市

新产品试销成功之后，接下来进行全面的市场推广工作。选择相应的投放时机和营销策略。

第四节　体育旅游市场的营销

体育旅游市场的科学营销能为体育旅游市场主体——体育旅游企业带来良好的经济效益、社会效益、文化效益等，是体育旅游企业非常关注的一个重要问题。因此，各体育旅游企业都非常注重体育旅游市场营销方案的制订和科学化实施。本节主要从企业角度出发，对体育旅游市场科学营销进行系统分析。

一、市场营销与营销策划

（一）市场营销

市场营销是指营销人员针对市场进行经营活动、销售行为的过程。通过市场营销，实现商品在市场中的购买和销售。在市场经济规律下，实现供需平衡，促进资源、产品、资金、信息等在市场上的自由流通。

对于企业来说，进行市场营销最为重要的目的就是实现商品的销售。通过相应的市场营销活动，企业了解了消费者的各项需求，并根据其需求设计相应的产品，然后通过一定的市场营销手段，促使消费者落实消费行为，实现资金、商品和服务的交换，使企业获得社会效益和经济效益。

（二）市场营销策划

市场营销活动是由特定组织的人员来进行的，它的成功离不开有效的市场营销策划。市场营销策划是全面性的，并不仅是单纯的与体育有关的广告与产品的销售策划活动，它还包括实现既定目标的方法、途径，以及各项资源的配置。

市场营销策划意义表现在以下几方面。

（1）为企业的发展提供路线图。

（2）指导和促进企业战略的实现，促进管理的科学化。

（3）提高人、财、物资源的利用，促进人际协调。

（4）帮助企业认识到发展中的问题，更好地把握机遇、应对挑战。

二、我国体育旅游市场营销主体

目前，我国体育旅游市场营销主体（体育旅游产品的分销渠道）主要有两个：体育旅游公司和旅行社。

近年来，随着我国大众体育旅游认知度的不断提高，我国体育人口和体育旅游人数不断增加，体育旅游市场不断扩大，进入体育旅游市场的企业（体育旅游公司、旅行社）不断增多。一些大型旅行社以及部分体育经纪公司，也积极开展体育旅游相关业务。

在激烈的体育旅游市场竞争中，各体育旅游公司和旅行社要想争取更多的客源，就必须加强企业营销能力。

三、体育旅游目标市场营销模式

（一）无差异目标市场营销

无差异目标市场策略，具体是指把整个客源市场作为目标市场开展经营的营销策略。该策略使企业向市场提供标准化产品，优势在于成本低，适用于以下情况。

（1）整个客源市场需求虽有差别，但相似度更大。

（2）客源市场需求有本质区别，但各需求差别群体的经济规模较小，不具有市场细分价值。

（3）业内竞争程度较低，客源市场需求高。

（二）差异性目标市场营销

差异性目标市场策略，具体是指根据不同细分市场设计不同经营方案的营销策略。该策略针对性强，满足市场需求度高，为不同细分市场提供不同产品，建立不同的销售网络，企业经营成本高，适用于以下情况。

（1）客源市场的需求差异大。

（2）各类细分市场都具有一定的经营价值。

（3）企业规模大，产品经营能力强，已占领较多的细分市场。

（三）密集性目标市场营销

密集性目标市场策略，具体是指选择少数（一两个）细分市场作为经营目标，制定营销策略。该营销模式综合了上述两个营销模式的优点，适用于以下情况。

（1）细分市场具有明显的实质性的需求差异。

（2）企业规模较小，经营能力有限。

四、体育旅游市场具体营销策略

促销是营销的一种具体操作方式方法，是营销者向消费者传递有关企业及产品信息，说服或吸引消费者消费，以扩大销售量、占领市场份额。

（一）针对目标市场促销

体育旅游的市场目标不同，其设计产品和促销产品的方式也不相同。针对目标市场促销，要采取差异性目标市场营销模式的具体营销策略。这种方式的营销策略针对性强，要求针对需求的不同对体育旅游产品进行分类促销，以更好地满足人们的不同需要。

就年龄因素分析来看，不同年龄阶段体育消费者对体育旅游消费的产品和服务需求不同，可形成不同的消费市场（图7）。例如休闲、健身、观赛等体育旅游产品属于适合各年龄阶段的产品，而带有冒险性质的旅游产品更适合青年人的需要。调查显示，我国入境旅游者，停留时间最长的为老年人，青年人次之，中年人再次之。针对这一实际情况，面向入境旅游，应着重开发适合老年人群市场的体育旅游产品。

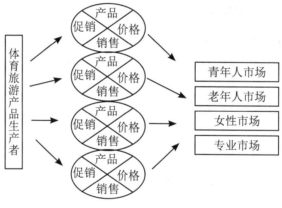

图7　针对目标市场促销策略

（二）利用节庆假日促销

节庆假日是人们参与体育旅游活动、集中进行体育旅游消费的重要时段，对此，应充分利用节庆假日，开展体育旅游活动，推出具有节庆假日气氛和特色的体育旅游产品与服务。

在节庆假日实施体育旅游产品和服务营销，应结合具体节庆假日特色、时间长短刺激消费，充分考虑到游客在有效时间内的可达性，同时充分考虑市场空间定位（图8）。

（1）短假模式　　　（2）中假模式　　　（3）长假模式

▨省内及近距离国内市场 □远距离国内市场及近距离国内市场 ◈远距离国家级、洲际市场

图8　利用节庆假日促销策略

（三）综合资源进行组合促销

体育旅游具有多元功能和价值，在体育旅游市场营销过程中，应整合多种体育旅游资源，满足消费者的多元消费需求，将度假、观光与体育运动三者完美结合，综合满足人们的心理需求、身体需求、个性发展和健康恢复的需求（图9），满足体育旅游消费者花一份钱体验多重服务的心理，以增强体育旅游产品（服务）对体育旅游消费者的吸引力。

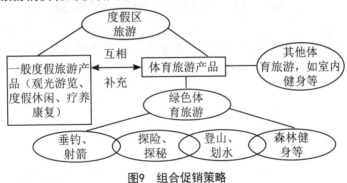

图9　组合促销策略

第四章 体育旅游人力资源管理及其体系构建

对于体育旅游领域来说，人力资源是我国现行全民健身活动的基础资源，也是深化教育改革以及完善体育教学的关键性资源，深入研究体育旅游人力资源管理及其体系构建有很大的必要性和迫切性。为此，本章在深入阐述体育人力资源理论的基础上，对体育旅游人力资源的获取、配置、培育进行深入剖析，以期进一步夯实体育旅游人力资源的理论基础，为体育旅游人力资源管理及其体系构建提供理论指导和实践指导。

第一节 体育人力资源概述

本节在深入阐述人力资源理论知识的基础上，对体育人力资源加以剖析。

一、人力资源概述

（一）人力资源的概念

根据《辞海》中的解释，人力即人的劳力，人的力量；资源指一定范围内，所有的人力、物力、财力等各种物质的总称。将人力和资源结合起来理解就是，人和其他物质要素的相互配合，人结合事物的发展要素，充分发挥自己的才能，人与人之间的合作、人事配合即为人力资源。从社会学角度理解，人力资源为可以推动社会以及经济发展与进步的人的总称。

（二）人力资源的特征

从整体来说，人力资源是一种特殊且尤为重要的资源，是生产力要素中最有活力且弹性最大的部分，具体特征如下。

1.生物性

与其他类型的资源相比，人力资源归人类自己所有，是以人体为载体的"活"的资源，其与人的生理特征以及基因遗传等都有十分紧密的联系，所以说，人力资源有生物性特征。

2.时代性

不管是人力资源的数量和质量，还是人力资源素质的提升幅度，都会受到时代条件的限制，所以说，人力资源具有时代性特征。

3.能动性

能动性是指人力资源是体力和智力有机结合在一起的结果，拥有很大的主观能动性以及持续开发的潜力。

4.两重性

两重性又被称为"双重性"，具体是指人力资源集生产性和消费性于一身。

5.时效性

时效性是指倘若很长时间内都不用人力资源，则会出现荒废与退化的结果。

6.连续性

从本质上来说，人力资源是可以持续开发的资源，人力资源的使用过程是开发的过程，人力资源的培训、积累、创造过程也是开发的过程。

7.再生性

人力资源是可再生资源，通过人口总体内各个个体的不断替换更新和劳动力的"消耗—生产—再消耗—再生产"的过程实现其再生。人力资源的再生性不仅会受生物规律的支配作用，也会受人类自身意识以及意志的支配，受人类文明发展活动的作用以及新技术革命的限制。

二、体育人力资源概述

（一）体育人力资源的概念

将人力资源的概念引申至体育领域就可以得出体育人力资源的概念，即在特

定范围内可以对体育事业的健康发展产生推动力，同时具有体育运动的专业知识以及体育能力的人口总称。通常认为，体育人力资源就是具备较高的运动技能和技术、拥有较强的体育科研能力和管理能力、获得过比较优异的运动成绩，同时从事体育专业工作的人群。由于体育人力资源是合成概念，因而很多专家和学者都对体育人力资源的概念提出了自己的观点。举例来说，蔡文利认为，体育人力资源不单单是指体育人，从事体育且通过理论和技术来传达体育知识的体育教育人员和学者也包含其中。从整体来说，促使体育事业发展，从事和体育相关的工作，同时掌握特定体育专业技能和技术的人员都可以称为体育人力资源。

（二）体育人力资源的分类

依据不同的分类标准，能够把体育人力资源划分成以下几种类型（表17）。

表17　体育人力资源的分类

分类标准	类型	
体育人力资源的工作性质	体育教练员人力资源	高级教练员
		中级教练员
		初级教练员
	体育竞技人力资源	健将级运动员
		一级运动员
		二级运动员
		三级运动员
		少年级运动员
	体育裁判人力资源	国际级裁判
		国家级裁判
		一级裁判
		二级裁判
		三级裁判
	体育科技人力资源	研究员
		副研究员
		助理研究员
		实习研究员
	体育教育人力资源	
	社会体育指导员人力资源	
	体育经纪人人力资源	
	体育行政管理人力资源	

分类标准	类型	
体育人力资源的能级	初级体育人力资源	
	中级体育人力资源	
	高级体育人力资源	
体育人力资源的利用形态	可供体育人力资源	
	在用体育人力资源	
	潜在体育人力资源	
运动项群	体能主导类人力资源	速度力量型人力资源
		速度型人力资源
		耐力型人力资源
	技能主导类人力资源	表现准确型人力资源
		表现难美型人力资源
		同场对抗型人力资源
		隔网对抗型人力资源
		格斗对抗型人力资源
	抽象思维类人力资源	棋类人力资源

第二节　体育旅游人力资源的获取

一、体育旅游人力资源获取系统

体育旅游人力资源获取系统（图10），具体由招聘人员、获取中介、应聘人员以及内外部环境四大要素组成。

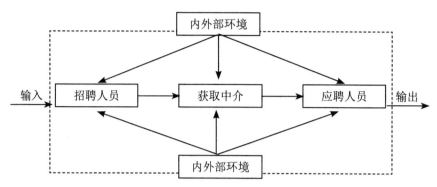

图10　体育旅游人力资源获取系统

二、体育旅游人力资源获取的程序

体育旅游人力资源获取的程序可参考体育人力资源的获取步骤（图11），也可参考企业构建人才招聘体系的流程（图12）。

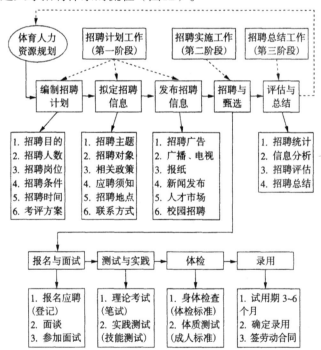

图11　体育人力资源获取步骤

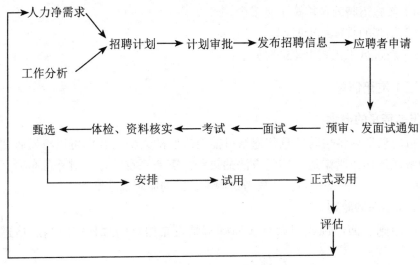

图12　企业构建人才招聘体系

需要说明的是，由于体育人力资源的范围较大且各个企业的实际状况难免有所不同，因而其中的某些步骤和程序并不完全适用于所有企业体育旅游人力资源的获取过程，所以参考时一定要结合实际情况加以调整。从整体来说，体育旅游人力资源获取的几个关键环节如下。

（一）招聘决策

1.招聘决策的概念

招聘决策是指单位最高管理层就招聘重要工作岗位以及大批量工作岗位所做的一系列决定的过程。

2.招聘决策的过程

要想使招聘决策得以实施，需要经历提出招聘需求、识别招聘需求、决定招聘需求三个步骤。

3.招聘决策的内容

（1）需要招聘哪些岗位的人员，各岗位的招聘要求分别是什么，各岗位需要招聘的实际人数。

（2）招聘信息的发布时间与发布渠道分别是什么。

（3）招聘测试需要委托哪个部门完成。

（4）实施招聘的预算资金是多少。

（5）招聘的具体结束时间。

（6）新进员工正式上班的时间。

（二）发布信息

1.发布信息的概念

发布信息是指将招聘信息传递给可能会应聘的人群。我们可以将发布信息的环节理解成选择招聘渠道和招聘方法的过程。需要注意的是，对外公布所有的招聘职位时，要先在内部公布，优先考虑内部员工的应聘以及推荐。

2.发布信息的原则

及时原则、面广原则以及层次原则都是发布信息的过程中应当严格遵循的原则。

3.发布信息的渠道

（1）在杂志上发布信息。

（2）在报纸上发布信息。

（3）通过电台发布信息。

（4）通过电视发布信息。

（5）通过网站发布信息。

（6）通过布告发布信息。

（7）通过新闻发布会发布信息。

（三）人员的选拔与评价

人员的选拔与评价由简历筛选和招聘测试两个步骤组成。

1.简历筛选

简历筛选工作由负责招聘的工作人员和用人部门的负责人共同参与。网络上有很多种类型的简历，但通常建议应聘者使用标准化简历或者应聘申请表，如此可以为管理提供诸多便利，使简历筛选的效率大幅度提高。

2.招聘测试

（1）招聘测试的概念：采用各种方式客观鉴定应聘者能力的方法，即招聘测试。

（2）招聘测试的方法：一般情况下，体育旅游人力资源招聘测试过程中会选择并运用的方法是纸笔测验、心理测试、情景模拟、面试、专业技能测试等。

（四）人事决策

1.人事决策的概念

（1）广义的概念：从广义上来说，人事决策就是指和体育旅游人力资源开发以及管理存在关联的各方面决策。

（2）狭义的概念：从狭义上来说，人事任免的决策就是所谓的人事决策。

2.人事决策的方式

一般情况下，人事决策工作会采用以下两种方式开展。

（1）数据资料综合研究会议法。

（2）综合评价表法，综合评价样表如下（表18）。

表18 体育旅游人力资源招聘中人事决策综合评价样表

应聘人员编号		姓名		应聘岗位	
测评维度	综合成绩	评价			
纸笔测验					
心理测试					
情景模拟					
面试					
专业技能测验					

三、体育旅游人力资源获取中的面试

（一）面试的概述

在特定的时间和地点，开展目标清晰且事先设计好具体程序的谈话，面试官在全面观察应聘者以及和应聘者交谈的基础上，能够全方位掌握应聘者的大体情况。通常情况下，面试官希望通过面试了解到应聘者以下各项素质的具体发展状况。

（1）应聘者的外貌风度。

（2）应聘者的个人修养。

（3）应聘者的业务水平。

（4）应聘者的求职动机。

（5）应聘者的工作经验。

（6）应聘者的表达能力。

（7）应聘者的逻辑思维。

（8）应聘者的反应能力。

（二）面试类型

1.结构式面试

（1）结构式面试的概念：面试官根据面试提纲上的问题向应聘者提出问题，按照标准的格式详细记录应聘者的回答，在客观分析应聘者回答的基础上来评价应聘者的过程，即所谓的结构式面试。

（2）结构式面试的优点：此类面试的优点是有助于面试官全方位地获得应聘者的个人信息，从而使应聘者的面试效率得到大幅度提升。

（3）结构式面试的缺点：灵活性与机动性都有待增强。

2.非结构式面试

（1）非结构式面试的概念：在面试环节，面试官不仅要向应聘者提出已经准备好的关键性问题，还要结合面试过程中的实际状况发问，此外要求应聘者口头回答各项问题。

（2）非结构式面试的优点：非结构式面试的优点是简单易行、灵活机动、场合和时间以及具体内容不会对面试过程产生制约作用，便于面试官相对准确地掌握应聘者的心理素质，同时获得更多对客观评价应聘者有积极作用的信息。

（3）非结构式面试的缺点：缺乏良好的结构性，未制定清晰而准确的判断标准，量化难度高，对转移面试目标有负面影响。

3.混合型面试

（1）混合型面试的概念：将结构式面试和非结构式面试有机结合起来的面试方法，就是混合型面试。

（2）混合型面试的优点：能够扬长避短，不仅能提高应聘者的面试效率，还能改善应聘者的面试效果。

（三）面试内容

（1）求职动机。

（2）仪表风度。

（3）专业技能。

（4）工作期望。

（5）工作态度。

（6）工作经验。

（7）兴趣爱好。

（8）反应能力。

（9）精力和活力。

（10）语言表达能力。

（11）自我控制能力。

（12）综合分析能力。

（13）人际交往能力。

（四）面试程序

1.面试准备

（1）合理选择面试官。

（2）阅读职位说明书。

（3）阅读应聘材料和简历。

（4）确定面试人选。

（5）编制面试提纲和评定样表（表19、表20）。

（6）确定面试方式，比较常见的面试方式分别是一对一面试、主试团面试、结构式面试。

（7）选择面试场所。面试场所的气氛尤为重要。

表19 面试评定样表 1

姓名：	性别：	年龄：	应聘职位：
考察内容	得分	评价	
仪表风度			
求职动机			
语言表达能力			
情绪稳定性			
思维灵活性			
人际关系			
应变能力			
实际经验			
总分			
综合评语以及录用意见			
面试人	签字： 日期：		

表20 面试评定样表 2

姓名：		性别：		年龄：			编号：	
应聘职位：				所属部门：				
评价要素	评定等级							
	1（差）		2（较差）		3（一般）		4（较好）	5（好）
个人修养								
性格特征								
健康状况								
进取精神								
求职动机								
语言表达能力								
应变能力								
人际交往能力								
自我认知能力								
情绪控制能力								
工作经验								
综合分析能力								
专业知识储备								
评价	□建议不录用			□可考虑			□建议录用	
用人部门意见： 签字：			人事部门意见： 签字：			单位领导意见： 签字：		

2.面试实施

就面试实施阶段来说，应当高质量完成以下几项工作。

（1）营造良好的面试氛围。

（2）向应聘者详细介绍单位的整体情况和应聘职位的实际需求。

（3）在考察应聘者的基础上，客观、公正地评价应聘者。

（4）面试官与应聘者应当全方位地讨论和应聘职位存在关联的问题，然后面试官基于各项问题说出自己的见解。

（5）面试官与应聘者就薪资待遇的问题展开讨论。

（6）妥善解决面试官和应聘者对一些问题的分歧。

3.处理面试结果

（1）综合面试结果：综合每位面试官对各个应聘者做出的独立评价结果，形成"面试结果汇总表"。按照最终的评审结果，妥善做出是否录用各个应聘者的决定。在考虑是否录用应聘者时，一定要着重分析应聘者的发展潜力、应聘者和本单位发展需求以及利益需求的契合程度。通常情况下，最终是否录用应聘者由应聘职位所属部门的负责人与人事部门负责人共同商量决定。

（2）面试结束的反馈：向用人部门反馈面试的评价建议，由人事部门与用人部门共同决定是否录用。

（五）面试效果

要想从根本上提高面试的效率，就一定要对面试过程中的注意事项以及应当回避的问题了然于心。

1.注意事项

（1）有效把控具体的进程和时间。

（2）提问环节要达到简单明了的要求。

（3）不轻易打断应聘者回答问题。

（4）适当增加开放式问题的数量，从而对应聘者的表达能力与反应能力有比较准确的认识。

（5）面试官应有目的、有意识地隐藏自己的观点，防止应聘者刻意迎合而掩藏真实想法的情况发生。

2. 应避免的问题

（1）晕轮效应。

（2）相似效应。

（3）负面效应。

（4）次序效应。

（5）趋中效应。

（6）压力效应。

（7）刻板印象效应。

（8）第一印象效应。

第三节　体育旅游人力资源的配置

一、体育旅游人力资源配置的概念

体育旅游人力资源配置指的是体育旅游人力资源在地区、部门及不同使用方向上的分配，并按一定经济发展目标，在体育旅游经营与管理中实现人、物、财、信息、时间等重要因素的优化整合及这些要素功能的充分发挥，以争取体育旅游业最佳效益的动态进程。体育旅游人力资源的配置由宏观层次的配置、微观层次的配置和个体配置三个层次组成。

二、体育旅游人力资源配置的原则

（一）适才适位原则

分析体育旅游人力资源配置的目标能够得出，要保证体育旅游人力资源的综合配置，这样体育旅游人力资源才能充分适应相应的工作岗位，才能充分发挥其在工作中的主观能动性，由此使他们的工作效率得到大幅度提升。倘若体育旅游人力资源和与之相对的工作岗位不适应，则会出现比工作岗位要求高或者比工作岗位要求低的情况，人才浪费问题或者小材大用问题也会由此产生。当所有岗位都安排适合该岗位的人才之后，才有可能使工作效率得到大幅度提升，将体育旅游人力资源的实际价值发挥得淋漓尽致，才能为我国体育旅游的发展注入巨大发展动力。

（二）动态原则

优化配置体育旅游人力资源的短期效果并不显著，必须经历较长的时间。在社会快速发展、时代持续进步、知识更新速度持续加快、新兴学科日益增加、各学科间交叉程度不断加深的背景下，当前的配置可能在过去很长时间内是合理的，但在新的社会环境下并未达到合理性要求，原先的结构可能在过去很长时间内是相对优化的，但在社会快速发展的当下可能已经不具备优势。出现这种情况后，一定要基于新的发展背景以及发展需要实施再配置。

在体育旅游持续发展的过程中，旅游业对相关人才的要求同样在持续提高，这种情况下相关岗位的要求也会随之提高，与此同时，会产生一些针对专门人才的新岗位，这种情况下会有很大可能出现原有人力资源队伍和新岗位要求不符的问题，因而有必要对体育旅游人力资源实施重新配置。由此不难得出结论，体育旅游人力资源配置过程中一定要始终遵循动态原则，避免长期保持原有配置模式。

（三）合理使用原则

站在经济学视角来分析，科学运用体育旅游人力资源就应当想方设法达到体育旅游人力资源投入的最高产出率，为此就需要对投入方向有清晰的认识且科学配置不同类型的资源，在同一时间内达到分配公平和提升生产效率的双重要求，确保经济产出始终处于稳定状态，有效协调社会各个方面的关系，为社会安定贡献应有的力量。但需要注意的是，由于经济效益和社会效益的特征存在着较大的差异，因而多数情况下都要凭借特定形式将经济效益与社会效益充分反映出来。基于以上情况，我们一定要科学认识和把握体育旅游人力资源的合理使用问题，尽最大努力协调好宏观要求与微观要求的关系以及经济效益与社会效益的关系，最终顺利达到效益最大化的目标。

（四）提高效率原则

在经济学领域，提高效率原则经常被提及。一般来说，资源利用不充分问题会不可避免地出现在经济运行的过程中，而缓解和处理这项问题的重中之重就是大幅度提升效率。由于人力资源可以对体育旅游发展进程产生很大的影响，所以一定要积极推动人力资源使用效率的提高进程，设法将人力资源的作用发挥得淋漓尽致。

三、体育旅游人力资源配置的机制

体育旅游人力资源配置经历了计划配置阶段、经济转型期配置阶段以及市场配置阶段共三个阶段，这三个阶段的配置机制如下。

（一）计划配置机制

1.计划配置机制的系统

在计划经济时期，我国在体育旅游人力资源配置方面主要采用的机制是政府包揽型，资源配置的供给主体是体育行政主管部门，各个级别的用人单位、体育旅游人力资源都没有自主权（图13、图14）。这种配置的一次性特征和终身性特征相对显著。

图13 计划配置机制的系统结构

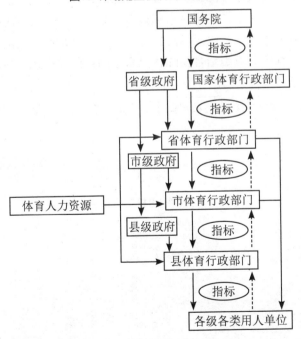

图14 计划配置机制的运行

2.体育旅游人力资源计划配置机制的特征

计划经济阶段体育旅游人力资源配置机制的特征是：配置主体的单一性特征、配置手段的行政性特征、配置的政治倾斜性特征。

3.体育旅游人力资源计划配置机制的评价

（1）优点：①为统一指挥和统一规划提供了很大便利。②有助于宏观调控体育发展规模。③人才具有可调控性。④从某种程度上来说，可以为人才培养方向以及人才培养质量提供保障。

（2）缺点：①不公平和腐败现象确实存在。②反馈速度慢，信息真实性差，会对人才配置与调控速率有负面作用。③人才流动速度慢，人才浪费严重。④对快速推进体育的社会化进程有负面作用。

（二）转型期配置机制

1.体育旅游人力资源转型期配置机制的系统

就经济转型期来说，我国体育旅游人力资源配置中主要采用政府配置和市场配置相结合的结合型运行机制（图15、图16）。然而，政府配置所占比重呈现下滑趋势，而市场配置模式的基础性作用越来越显著。结合型运行机制主要有两种运用模式：一种是以政府配置为主，以市场配置为辅；另一种是以市场配置为主，政府配置为辅。在实践过程中，应当结合实际状况来运用这两种模式，将政府以及市场的作用发挥得淋漓尽致。

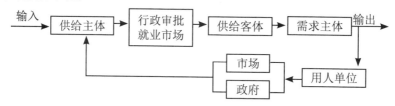

图15　转型期配置机制的系统结构

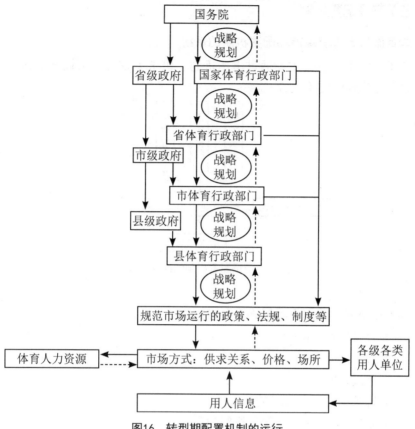

图16　转型期配置机制的运行

2.体育旅游人力资源转型期配置机制的特征

（1）配置主体多元。

（2）配置的行政性与市场性并存。

3.体育旅游人力资源转型期配置机制的评价

（1）政府干预过多，未将市场的作用发挥得淋漓尽致，不利于充分调动社会各界人士充当参与者的主观能动性。

（2）配置主体及调控主体不明确。

（3）市场配置体系不健全，市场秩序混乱。

（4）计划配置中的某些弊端依旧未能彻底消除。

（三）市场配置机制

1. 体育旅游人力资源市场配置机制的系统

在市场经济条件下，主要通过市场机制、供求关系、价格杠杆等来进行体育旅游人力资源配置调控（图17）。

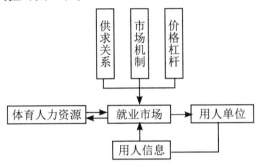

图17 市场配置机制的系统结构

2. 体育旅游人力资源市场配置机制的特征

（1）配置市场的基础性。

（2）配置主体的多元性。

（3）配置过程的集约性。

（4）配置结构与社会需求的一致性。

3. 体育旅游人力资源市场配置机制的评价

（1）优点：①从某种程度上减轻了国家负担。②体育部门自身管理呈现日趋完善的趋势，实际效益也在逐年升高。③平均主义得到了一定程度的缓解。④社会资源利用率以及人才配置调节速度都朝着更加理想的方向发展。

（2）缺点：①人才单向流动，分配失衡。②对经济落后地区体育旅游的健康发展有负面影响。③对社会整体利益有或多或少的负面影响。

第四节 体育旅游人力资源的培育

一、体育旅游人力资源培育的现状

对于我国体育旅游人力资源培育现状，这里从培训次数、培训类型和培训内容三个方面来论述，具体如下。

（一）培训次数

据调查显示，我国体育旅游经营企业对体育旅游人力资源进行培训的次数屈指可数（图18），高达82%的企业没有组织和安排体育旅游人才参与相应的培训活动，可以说培育和发展体育旅游人才的深远意义未能获得这些旅游企业的高度重视。与此同时，每年安排一次培训的旅游单位占11%；安排两次培训的旅游企业占7%。从整体来分析，体育旅游人力资源的培训次数并不乐观，旅游企业发展人才的意识还有待进一步增强。

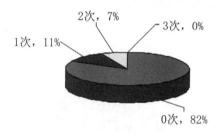

2次，7%   3次，0%

1次，11%

0次，82%

图18 我国体育旅游经营企业对人力资源进行培训的情况

（二）培训类型

在安排人力资源培训的体育旅游企业中，各个企业的培训类型存在着或多或少的差异。具体来说，有62%的旅游单位为员工安排了岗前培训；而只有12%的单位对员工进行在职培训；安排一体化培训（岗前、在职等）及涉及其他类型培训的旅游单位分别占19%和7%（图19）。综合分析调查结果不难发现，体育旅游单位高度重视岗前培训，如此对体育旅游人力资源适应性的增强有积极作用。

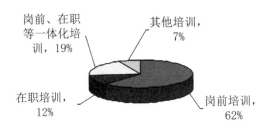

图19　培训类型

（三）培训内容

对于体育旅游人力资源培训而言，体育旅游人力资源的业务常识培养、专业素养培养、知识拓展能力培养、实践操作能力培养等都是缺一不可的，如此才能使人力资源的各项业务素养都获得大幅度提升，使体育旅游人才的工作效率得到大幅度提升。涉及这些培训内容的旅游单位占一定的比例。绝大部分旅游单位较注重对业务常识与专业素养进行培训，知识拓展等其他方面的培训还未获得旅游单位的高度重视（图20）。

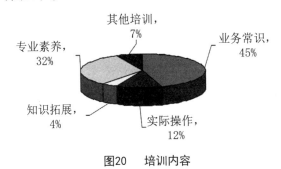

图20　培训内容

二、体育旅游人力资源培养模式的构建

体育旅游业是构成体育产业的重要部分。在构建体育旅游人力资源培养模式的过程中，可以借鉴体育产业人力资源培养模式的构建流程（图21）。

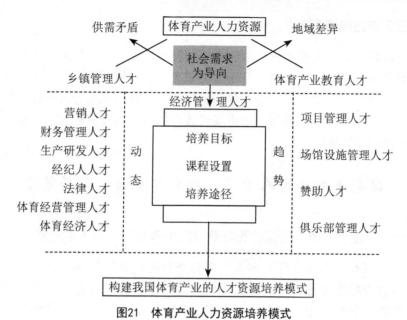

图21　体育产业人力资源培养模式

分析图21不难发现，构建体育旅游人力资源培育模式应当从以下三个方面着手。

（一）明确培养目标

制定切实可行的体育旅游人力资源的培养目标，不仅要兼顾我国体育旅游的发展需求，还要准确把握体育旅游快速发展对人才提出的具体要求，全面兼顾与深层次剖析是制定培养目标的重要基础。

（二）科学设置课程

在体育旅游人力资源培育中，设置的常见课程如下。

（1）公共课。

（2）基础课。

（3）专业基础课。

（4）必修课。

（5）选修课。

（三）丰富培养方式

就现阶段来说，在我国体育旅游快速发展的过程中，对相关人才提出的要求在朝着日益多元化的方向发展。基于这种情况，就必须严格把好人才质量关，选择并运用更加多元化的手段开展各项培训活动，培育更多综合素质较高的专业人才，从而尽最大可能满足体育旅游市场对体育旅游人力资源的需求，从根本上加快体育旅游的发展速度。

三、提高体育旅游人力资源培育质量与效果的策略

（一）促使管理者、经营者和教育者提高对自身认识水平的要求

要想从根本上提高体育旅游人力资源培育的质量和效果，就必须深刻领会体育旅游教育的重要性，体育旅游经营管理者以及相关教育者一定要对开展和落实体育旅游教育形成正确的认识，对自身的认识水平提出更高的要求，自觉参与人才教育制度的完善工作，同时以此为指导加大体育旅游人力资源的开发深度。

（二）挖掘和发挥高校的人才培养功能，制订并落实人才培养计划

高等院校肩负着培养人才的重任，培养体育旅游人才也要充分发挥高校的作用。高校应当尽最大努力培养了解体育运动、熟悉专业的专门性体育旅游人才。与此同时，高校要适当加大对体育旅游中高层管理人才的培养力度，在职攻读、在岗培训、脱产培训等都是切实有效的培养方式，以培养出满足体育旅游发展需求的新型人才，促使这些人才在体育旅游发展过程中贡献出更大的力量。

（三）完善岗位培训制度，构建体育旅游人力资源的同步成才机制

完善岗位培训制度，科学建立体育旅游人力资源的同步成才机制同样是提高体育旅游人力资源培育质量与效果的可行性策略。具体来说，要加大对当前岗位制度的优化力度和完善力度，立足于从多个层面推进岗位培训工作，在所有环节都深入落实持证上岗制度，以有效加大体育旅游市场的规范化程度，为体育旅游人力资源的优化配置进程注入动力，最终使体育旅游人力资源的利用效率及体育旅游业的经济效益都得到质的提升。

第五章 体育旅游生态环境及其预警管理研究

人类只有一个地球，保护环境是每个地球人义不容辞的责任，所以人们在进行所有活动时，都要考虑到生态环境的保护。本章就来研究体育旅游生态环境的保护及其预警管理。

第一节 体育旅游与生态环境

事实证明，体育旅游业的发展必须以良好的环境质量作为保障。虽然体育旅游的开发能够起到诸多正面作用，但也会对环境产生一定的影响。如体育旅游服务设施排放"三废"（废气、废水、废渣），游客在旅游区乱扔垃圾、破坏植被等，这些问题在不同程度上对环境造成破坏，均会对自然生态环境造成负面影响。回首历史，西方发达国家在产业发展历程中也饱受环境污染之苦，遭受不少教训，所以体育旅游产业发展必须重视与生态环境的和谐统一。

一、生态环境的概念

生态环境主要指对人类生存与发展产生影响的水资源、生物资源、土地资源、大气资源的总称，是关系到社会和经济持续发展的复合生态系统。人类的生态环境所遇到的主要问题是人类为生存和发展，在利用自然和改造自然的过程中，制造污染、破坏自然环境而对人类生存所产生的危害。

生态与环境看似是两个相对独立的概念，但二者之间又有紧密联系。生态与环境进行融合后，"生态环境"这个新概念应运而生。生态环境是包括人类在内的所有生物及其繁衍生息的各种自然因素、条件的总和，是一个复杂的系统，由生态系统和环境系统中的所有元素共同组成。

从某种意义上来说，生态环境与自然环境有着十分接近的含义，因此很多人将这两个词语混用。但严格意义上讲，生态环境和自然环境不是一回事。各种天然因素都可以用自然环境来形容，然而具有一定生态关系所构成的系统才能被称作生态环境。此外，那些非生物因素组成的整体可以称为自然环境，但不属于生态环境。

从生态系统的整体来看，人是其中最积极、最活跃的因素。在人类社会的所有发展阶段，人类进行的活动都会对生态环境产生影响。尤其是20世纪中期以来，由于人口快速增长和科学技术的蓬勃发展，人类的创造能力与生产能力达到了空前的水平，但也带来了巨大的破坏力。一方面，人类的大规模生产加快了对自然资源的挖掘速度和力度，导致自然生态失去平衡，引发了一系列灾害；另一方面，人类自身的加速开采行为受到了大自然的反馈作用。因此，环境问题如今已成为全球所关注的热点话题。当今世界，不论是在发达国家，还是在发展中国家，生态环境问题均已成为制约经济和社会发展的重大问题。

二、保护生态环境的意义与原则

（一）保护生态环境的意义

保护生态环境就是研究出解决因人类生活、生产建设活动使自然环境遭到破坏这一问题的方案，进而对引起环境污染和破坏的各类因素进行控制、治理与消除，努力使生态环境得到改善、美化和保护，使其更好地适应人类的生产和生活需要。换句话说，环境保护就是采取环境科学的相关理论和方法，在充分利用自然资源的同时，深入认识环境污染的根源及危害，采取相关措施有计划地保护环境，防止环境恶化，控制环境污染，使人类与环境协调发展，从而保护人类健康，提高生活质量。总体来看，这是一件功在当代、利在千秋的大事。

人生存在地球上，不可避免地与自然环境相处，因此，自然环境是人类生存的基本条件，是进行生产生活的物质源泉。如果没有地球所给予的自然环境，人类就不可能生存和繁衍后代。随着人口的迅速增长、科学技术的不断进步以及生产力的快速发展，人们在生活及生产中排放的废物不断增多，使大气、水质、土壤不断遭受污染，自然生态平衡受到了严重威胁，多项资源遭到破坏，甚至面临着耗竭的危险；此外，水土流失、土地沙化的现象也非常严重，这直接对人类的生存环境产生重大影响。所以，保护环境、维持生态平衡是关系人类生存、社会发展的根本性问题。

（二）保护生态环境的原则

1.生态环境保护与生态环境建设共同进行

在大力推进生态环境建设力度的基础上，应树立保护优先、预防为主、防治结合的策略，彻底改变某些地区边建设边破坏的情况。

2.污染防治与生态环境保护并重

在环境保护的工作中，要充分注意到辖区内的环境污染与生态环境破坏间的相互影响与作用，将治理污染与保护生态环境进行协同规划、同步实施，将二者有机结合起来，努力实现城乡环境保护一体化。

3.统筹兼顾，综合决策，合理开发

准确处理环境保护与资源开发间的关系，处理好二者间的矛盾，做到在保护中开发，在开发中保护。事实证明，发展经济必须遵循自然发展规律，要做到近期与长期相统一、局部与全局相统筹。进行资源开发必须充分考虑本地生态环境的承载能力，不能鼠目寸光地以牺牲环境为代价来谋求片面的经济利益。

4.明确生态环境保护的权利与责任

树立"谁开发谁保护，谁破坏谁恢复，谁使用谁付费"的原则，充分利用法律、经济、行政和技术手段保护生态环境。

三、生态环境保护措施

（一）强化宣传教育，提高生态环境保护意识

要紧紧围绕开发建设的各项工作开展生态环境的保护、建设，大力度开展生态环境保护的宣传教育活动。充分利用互联网、电视、广播等媒介，广泛开展多渠道、多形式的宣传活动，不断提高各级决策者和广大人民群众的生态环境保护意识。

在各组织和部门中积极开展多途径的生态环境保护教育活动，对各级干部和企业经营人员进行环境和资源保护的法律法规、环境标准和清洁生产等方面的培

训，使各级人员树立环境保护意识，恰当处理生态环境保护与生产发展的关系。

在中、小学展开环境教育，开设环境教育课，举办环境保护的相关活动，通过不同形式进行生态环境保护的基础教育。在高等院校中加强生态环境保护的专业教育，将其列入教学计划，使广大青年树立生态环境保护意识。

各级党校和各类行政、管理干部学院积极开展党政干部环保培训，设立环境保护的培训内容，各级人员学习有关生态环境保护的理论，使各级领导干部形成可持续发展意识，提高对生态环境保护与经济社会发展的综合决策能力。

积极组织社会公众教育，向大众普及生态环境保护知识，鼓励动员广大人民群众加入生态环境保护工作的行列。在农村地区，加强生态环境保护的宣传教育，帮助广大农民改变传统的生产生活理念与方式，在生产中尽量不破坏植被、土壤和水源，创造和谐宜居的农村生态环境。

此外，还要发挥新闻舆论的监督作用，对生态环境保护方面的热点问题与焦点问题进行跟踪报道，对优秀、先进事例和人物进行表扬，对违法行为进行批评，调动广大群众保护生态环境的积极性。

（二）加强领导，建立生态环境保护综合机制

切实加强领导部署，建立生态环境保护的综合决策机制，建立环境质量行政领导负责的相关制度。按照各级政府对本辖区生态环境质量负责的要求，充分贯彻落实生态环境保护责任制。层层推进各级政府任期内和年度环境保护的目标责任制，加强农村生态环境和自然保护区等特殊生态功能区的建设和管理工作，将其列入生态环境保护内容。同时，各级政府要与本地的林业、农业、国土资源、水利、土地和畜牧等部门签订生态环境保护责任状，各部门要充分重视本行业和本系统内的生态环境保护，负起责任。

各级环保部门代表本级政府对各部分的执行情况进行监督和考察，并实行严格的奖惩制度。党政一把手要亲自抓，负总责，把本辖区的生态环境保护和建设规划纳入本地经济和社会发展的长远规划和年度计划，做到综合平衡、统筹发展，确保各级政府对生态环境的投入，建立和完善生态环境保护综合决策的各项制度，形成切实有效的管理体系，在重大经济与发展规划的决策上必须考虑到环境因素，反映生态环境保护的要求，不能一味追求经济效益。

各级人民政府在本地相关项目的开发建设过程中，要明确落实资源开发单位及其法人在生态环境保护上的责任，将生态环境保护和建设作为项目开发的不可或缺的一部分，建立并不断完善资源开发生态环境保护与开发机制，使生态环境

保护责任制落到实处。各级环境保护部门在各大事项的决策活动中要扮演好参谋的角色，在政府实行环境保护目标责任制和综合决策中积极献计献策，将生态环境保护和可持续发展的思想贯彻在项目开发的各个环节之中。

（三）加大执法力度，依法保护生态环境

环境法制建设与依法行政是加快生态环境保护工作进程的保证。在相关项目的开发中，必须严格执行环境保护和资源管理的相关法律法规，如果开发建设项目破坏环境就要坚决禁止。对于破坏生态环境的违法行为要严厉打击。

加快环境立法，抓紧制定生态环境保护的法律法规，逐步完善地方生态环境保护法规体系，做到有法可依、有法必依、违法必究。

加大生态环境保护的执法力度，依法执行环境影响评价制度，规范生态环境管理，对于没有进行环境保护、造成重大生态环境破坏的项目，按照法规严肃处理。加强对重点区域生态环境保护与治理恢复的监督力度，使项目资源开发与生态环境保护走向法制化。

（四）建立生态环境保护监管体系

生态环境保护在项目建设中十分重要。对生态环境保护进行严格管理是关系到环境安全和子孙后代发展的长远大计，所以必须建立健全生态环境保护监管体系。各级环保部门要确保行使监督管理职能，不断完善生态环境保护的监督管理体制，强化生态环境监督，做好生态环境保护的监督协调工作。农业、林业、水利等部门要结合自身情况，履行各自职责，做好项目开发的规划与管理及生态环境保护与恢复治理的各项工作。尤其要将生态环境遭到破坏区域的治理和恢复作为工作重点，防止土地荒漠化和水土流失的情况加重；做好水资源的开发利用计划，确保群众生态用水，禁止破坏草场、植被；做好自然保护区的建设管理工作，发展一批具有生态恢复功能的保护区；加强城市和农村的生态环境保护，加强基础设施建设中有关生态环境保护的监督管理工作。

各地在充分调查本地生态环境的基础上，制订出本地生态功能区划和生态环境保护规划，从而进一步对本地资源开发和产业布局进行指导，为本地发展的综合决策提供依据，推动经济社会与生态环境保护协调发展。在重大经济政策、社会发展规划、经济发展思路的制订上，应依据本地的生态环境功能，充分考虑到生态环境的影响。对于土地、草原、矿产等重要资源的开发和重大项目的建设，必须严格进行环境影响评价，在开发过程中尽量避免和减少对生态环境的破坏。

对有可能对生态环境造成不利影响的项目，必须做到工程建设与生态环境保护及恢复措施同时设计、同时实施、同时检查验收。在工程开发过程中，对严格执行生态保护措施的单位和个人要给予表彰和鼓励，对一意孤行破坏生态环境的，要按照相关法规予以追责。

（五）增加生态保护投入，加大科研支持能力

不管是什么项目、什么资源的开发，必须建立在保护生态环境的基础上。应把生态环境保护作为项目资源建设的重要组成部分，在项目开发推进的过程中必须确保生态环境的保护落实到位。各个部门、开发单位要按照经济建设和生态建设同步进行的方针，切实加大生态环境保护的投入，逐步提高生态环境保护投入的比重。在项目资源开发上必须制订生态保护计划，确保生态环境保护的资金到位，没有专项资金的不予批准，已经开工的责令其暂停。

生态环境保护属于一种公益性事业，具有公益效应。各地要确保生态环境保护的投入及时到位，建立多元化、多渠道的投资机制，加强生态环境保护的科学研究与对环境友好的新技术的应用，保障生态环境保护的科技支持能力。各级政府与相关部门应将生态环境保护的科学研究纳入发展计划之中，从本地生态环境保护的实情出发，鼓励科技创新，加大生态环境保护、生态恢复和水土保护等生态环境领域的技术开发和推广应用工作。在生态环境保护的经费拨款上，确定一定比例或数额的资金用于生态环境保护的科研与技术推广，对于生态环境保护的科研成果要大力宣传推广，从而提高生态环境保护的科技水平。

（六）分类指导，实现生态环境保护的分区推进

我国地域辽阔，环境复杂多样，有着超过13亿的人口，因此生态环境相对脆弱，在经济建设中面临着很大的压力，生态环境保护工作面临种种挑战。在这种形势下，我国的生态环境保护工作要进行多方面的思考与创新。放眼全国，要紧紧围绕重点地区的生态环境问题，制订生态环境保护规划，实行分类指导，实现生态环境保护的分区推进，以带动和推进全国的生态环境保护工作。

各地区首先要全面调查本地的生态环境，全面分析生态环境现状，在编制生态功能区划和生态环境保护规划的基础上，重点抓好三种类型区域的生态环境保护工作：一是重要生态功能退化区，将其规划为重要生态功能保护区，制订出具体的保护规划，进行抢救性保护。在这一区域停止一切破坏环境的开发建设活动，采取适当措施使生态环境恶化的情况得到遏制。二是对重点自然资源开发区

进行强制性保护。制定出生态环境保护办法，建立生态环境影响评价体系，加强生态环境建设和项目开发的环境影响评价，大力监管，坚持项目开发与生态环境保护措施同步规划、同步实施、同步检查验收，将项目开发对环境的破坏降到最低。三是对生态良好地区，包括各类自然保护区、生态示范区和生态农业试验区进行积极保护。通过积极引导和经验总结，研究制定出相关政策措施，不断深化生态示范区和生态农业试验区的建设，加快自然保护区的建设步伐，通过检查、管理和规范，建立一批经济、社会和环境协调发展的范例。

（七）积极开展国际环境保护交流与合作

作为联合国常任理事国之一，我国对生态环境保护有着义不容辞的责任与义务。目前我国已签订了多项生物多样性保护和生态保护的国际公约，作为负责任的大国，我国积极履行国际环境公约，维护国家生态环境保护的权益，承担相关国际义务，为全球生态环境保护做出贡献。积极开展国际交流，推动我国生物多样性和生态环境保护的相关工作。

在国际交往中，坚持经济与技术合作并重，对于国外的先进技术和生态环境管理经验可积极借鉴，从而推动我国生态环境保护的全面发展。总而言之，进行国际交流是为了做好我国生态环境保护和建设的重点工作。

四、生态环境保护与体育旅游发展

生态环境是对人类生存和发展所需的所有外界条件的总和。体育旅游与生态环境存在密切的关系，即体育旅游的发展依赖于良好的生态环境。要想使体育旅游健康发展，就要对生态环境进行保护。同时，生态环境保护需要得到体育旅游产业发展所带来的经济效益的有力支持。

生活在城市中的人们每天都面对着很多环境问题，如雾霾、噪声、沙尘暴等，人们一直对良好环境有着渴望。对于游客来说，肯定不希望自己去一个有环境污染的地方旅游。在体育旅游资源的开发过程中，难免会遇到污染问题，为开发好这些资源，就必须投入一定的资金来改善环境，优美的环境能吸引更多游客前来，体育旅游的发展离不开游客产生的经济效益。

体育旅游活动是一种积极、健康、向上的活动，它和一般的旅游活动不同，体育旅游中有很多体育运动项目，游客可以亲自参与进来，体验到体育运动带来的刺激感与成就感。参与体育旅游，不仅能游山玩水，还能锻炼身体，释放日常生活中的压力，是现代人娱乐休闲的一种新选择。体育旅游中的民风民俗表演也是招揽游客的好手段，是地域文化的一道亮丽风景线，体育旅游能够让一个地区更加美丽，创造更多价值。

为了保护体育旅游地区的生态环境，就要采取一定的举措。比如很多景区每天都规定了客流量，就是确保景区能够承载，从而保护了体育旅游资源的使用，让资源在一定的周期内可以还原。

第二节　体育旅游生态环境的国内外研究进展

一、体育旅游造成环境污染的相关调研

体育旅游的生存和发展既对生态环境有很大依赖，同时又有可能对生态环境产生破坏。体育旅游倡导可持续发展，相关学者认为，体育旅游与可持续发展之间存在一种天然的耦合关系。体育旅游作为旅游业的一大分支，作为旅游业中的新业态，不可避免地对生态环境产生影响，受到生态环境的制约，这种破坏与影响打破了人与自然的和谐，值得关注。

（一）对大气环境的影响

很多体育赛事被作为一种体育旅游产品进行商业操作，这其实无形中对大气造成相当严重的污染。如F1赛车、世界汽车拉力赛、摩托车赛、卡丁车赛、摩托艇赛等都是大功率、高噪声、重污染的运动机械竞赛项目，这些机器排出的大量废气给当地的空气造成不同程度的污染。前来观赛的观众从四面八方赶来，大量流动人口对本地交通提出了更高要求。再如热气球、跳伞等运动对旅游工具的依赖都在一定程度上加剧了空气污染。另外，体育旅游活动所产生的噪声给当地居民的日常生活带来了极大的影响。

（二）对水资源的污染

有很多体育旅游活动项目需要利用到水资源。如钓鱼、赛艇、漂流、划船、游泳、潜水、冲浪、摩托艇等与水有关的运动会直接或间接地污染水环境。在进行水上项目的河流、湖泊、水库和海滩上随处可见乱扔的垃圾，机油、船用清洁

剂和其他残留物，甚至有人在游泳等运动中直接将分泌物和排泄物留在水中，这都会直接对水体造成污染。

（三）对地质地貌的污染和破坏

虽然体育旅游产业的发展、体育旅游产品的开发一再强调倡导开发与保护相结合，但仍然有些体育旅游环境和体育旅游设施会对土地的地质和地貌产生无法挽回的影响，将原本丰富的自然生态系统打破，使体育旅游资源不得不承受着游客的破坏。

从我国旅游发展来看，游客对环境的破坏是惊人的。喜马拉雅山登山爱好者在峰顶所留下的垃圾约600多吨；宁夏沙坡头景区所开发出的滑沙活动虽然受到了游客的喜爱，但也造成了"沙坡鸣钟"奇观的价值下降；山东泰山景区为迎合游客修建了索道，提升了泰山旅游业的经济效益，但也使泰山的正面山体被"开膛破肚"，使15000立方米的土石上的植被遭到灭顶之灾。很多地方在没有进行调研的前提下盲目建造大量高尔夫球场，不但没有收到经济效益，还破坏了本地环境。

如此看来，环境的时间、空间和承载能力成为体育旅游发展与生态环境保护之间的矛盾焦点。要想实现体育旅游的可持续发展，必须从环境保护与生态平衡的角度入手，对体育旅游与生态环境之间的关系进行深入研究。

二、体育旅游与生态环境保护的相关研究

（一）可持续发展理论内涵为实现体育旅游可持续发展提供了外部环境

随着生态环境的失衡，人们开始重视环境保护，并提出了可持续发展的理念。在对可持续发展的研究上，各种概念、模式的提出极大地丰富了可持续发展的内涵，也使旅游业的发展具有新的理念。澳大利亚学者提出了从环境适应性来探讨旅游发展规划的设想，将环境规划和旅游规划同步进行，体现出可持续发展的思想。

1990年，Globe'90国际大会在加拿大召开，这次会议构筑了旅游业可持续发展的基本理论与框架，全面阐述了旅游业可持续发展的目标体系，其中包括强化旅游与生态意识及保护旅游资源。

1993年，在英国问世了重要的学术刊物《可持续旅游》，标志着人类对旅游

可持续发展的研究上升到新的阶段。1999年，世界旅游理事会（WTTC）、世界旅游组织（UNWTO）将可持续旅游定义为：满足现代游客和旅游地区的需要，同时保护和增加未来人的机会的旅游。

要想真正使旅游做到可持续发展，就要对旅游资源进行管理。在满足人们的经济、社会和审美需求的同时，要对旅游资源文化的完整性、生物多样性、基本生态过程以及生命持续系统进行保护。

1995年，在西班牙加那利群岛，联合国教科文组织、环境计划署和世界旅游组织共同召开了由75个国家和地区的6000余名代表出席的旅游可持续发展世界会议，会上通过了《可持续发展旅游宪章》和《可持续发展旅游行动计划》。确定了可持续发展的思想方法在旅游资源保护、开发和规划中的作用和地位，对旅游的可持续发展运行做了许多重要论述。首先，认识到旅游对经济发展的重要性还不够，还应该认识旅游对环境保护的依赖性；其次，旅游和环境保护结合起来才能获得持续发展。

（二）国际奥运会的环境保护政策为实现体育旅游的可持续发展提供了政策导向

早在1974年，国际奥委会就在环保方面提出了相应的要求。1991年，国际奥委会对《奥林匹克宪章》进行了修改，要求从2000年开始，所有奥运会申办城市必须提交一项环保计划。

1992年，国际奥委会和多个国际单项体育联合会及国家奥委会签署了旨在保护环境的《地球誓约》。

1995年，国际奥委会再次对《奥林匹克宪章》进行修改，将保护环境列为一项重要任务。

1997年，第三届世界体育与环境大会召开，制定了《奥林匹克运动21世纪议程》，在体育发展和环境保护上提出具体计划。

2001年，第四届世界体育与环境大会召开，提出了相关倡议，强调不论是在体育竞赛还是日常的体育健身中都要树立可持续发展的原则，促使这一原则在全球范围内得到实现。

（三）2008年北京奥运会的"绿色奥运"理念值得体育旅游业借鉴

体育旅游市场是整个体育市场的重要组成部分，它的产生与发展是伴随着体育市场化发展进程而进行的。因此，体育旅游业的发展不能脱离体育产业而单独存在，奥运会等大型赛事的举办对承办国的旅游和经济发展具有明显的促进作用，这是显而易见的。据不完全统计，2008年北京奥运会期间，北京市累计接待中外游客652万人次。其中，接待入境游客38.2万人次，旅游景区实现营业收入16270.3万元[1]。

根据国际奥委会出版的《奥林匹克杂志》显示，从1997年算起，举办2000年奥运会的东道主澳大利亚的旅游收入达到了42.7亿美元，同时，通过奥运效应，悉尼获得的海外投资达87亿美元，奥运会给悉尼带来15万个就业机会，使澳大利亚当年的国内生产总值（GDP）增长了65亿美元。奥运会为举办地乃至整个国家带来巨大的商机，留下宝贵的遗产。

体育旅游业有着蓬勃生机和巨大的市场前景。2008年北京奥运会毫无疑问给北京这座城市带来了巨大生机。在基础设施建设上，面对北京的空气污染问题，政府投入巨资进行整治；在城市污水处理问题上，进一步加快设施建设，使污水处理率达到42%；在生态环境建设上加大力度，构建北京三道绿色生态屏障，完成了3.5万亩的绿化任务；在机场、车站、城市道路的建设上的投资超过1000亿元；比赛场馆的建设也是有条不紊地进行，为绿色奥运会旅游的开发创造了先决条件，为北京奥运会被时任国际奥委会主席罗格称赞为"无与伦比的奥运会"打下坚实基础。

2008年北京奥运会的成功举办进一步推动了我国的体育旅游的发展，而2022年冬奥会的成功申办又使我国冰雪运动旅游产业迎来了春天。2008年北京成功举办夏季奥运会直接拉动了我国旅游业的发展，直接促进中国旅游业在21世纪前10年迈上新的台阶；而2022年将要举办的冬季奥运会，也必将促使我国体育旅游产业，尤其是冰雪运动旅游产业开启一个新的时代。

（四）生态学的基本原理和方法为体育旅游的发展提供理论基础

如今，体育旅游已成为世界性潮流，但在发展体育旅游的同时对生态环境破坏的负面影响也是显而易见的。如何解决体育旅游与生态环境之间的矛盾？相关

---

[1]　北京奥运会期间北京累计接待中外游客652万人次.[EB/OL].（2008-08-26）[2016-02-20].http://www.china.com.cn/news/txt/2008-08/26/content_16338642.htm，

学者通过生态学理论方法，把旅游与环境作为一个完整的生态系统进行考察，从旅游与环境的相互联系的角度来探究旅游可持续发展的理论本质和规律。

有学者指出，应在不危害生态持续性、旅游地居民利益的基础上，既对当代人高质量的旅游需求予以满足，又对下一代人高质量的旅游需求予以满足，从而实现旅游业的长期稳定和良性发展。[1]生态体育旅游作为一种对生态资源和文化具有特别保护责任的可持续发展旅游模式，能够有效避免对环境的破坏，实现体育旅游资源的可持续利用。通过保护旅游资源和地域文化的完整性，平衡经济利益，实现公平、互利互惠与共享，是实现体育旅游可持续发展的必然选择。

因此，体育旅游在规划、开发利用、经营管理上都要遵循生态规律，树立可持续发展的理念与指导思想，对体育旅游的承载力进行深入研究，控制生态容量，保护生态环境，确保可长期、稳定地利用体育旅游资源。具体来说，环境保护体现在促进自然生态环境的良性循环，促进生物尤其是濒危动物的保护，促进水资源保护与水体污染的治理，对大气环境和地质地貌起到很好的保护作用。

第三节　体育旅游生态环境评价体系的建设

一、体育旅游生态环境评价原则

（一）突出生态旅游开发价值

体育旅游生态环境评价是为体育旅游的开发与发展服务的，必须突出体育旅游的开发价值。首先，进行评价的重点在于评判体育旅游是否符合生态环境保护的含义，而不在于传统意义上对旅游价值的评定。其次，评价可以从产品和市场的开发入手，但要注意是在资源环境保护的前提之下进行。

（二）寻求多种方法论的统一

体育旅游生态环境评价需要结合多种方法论来进行。经验主义、结构主义、实证主义、人文主义、社会生态等方法各有特色，但也有不足，因此应取长补短，多种方法结合。目前，体育旅游生态环境评价的相关实践经验还不够丰富，

---

[1] 李青山，李伟.对我国体育旅游发展的理性思考[J].辽宁体育科技，2005（04）：9.

需要进行案例研究来不断充实。通过实证检验和改进，对复杂的体育旅游资源内部结构和外部联系进行研究，突出人的主体性，从人文关怀的角度看待生态环境问题，在社会生态的视角下去考虑问题，而不局限于自然生态的视角。

（三）采用定量与定性相结合的方式

体育旅游资源体系、类型和单体均属于复杂系统，所以对体育旅游资源的开发进行适宜性评价是一项相当复杂的工程。仅仅采用定量或仅仅采用定性的方法均不客观，所以应采用定量与定性结合的方法，使评价既有同类可比性又体现出针对性。总之，进行体育旅游生态环境评价是满足体育旅游开发的需要。

二、体育旅游生态环境评价程序

（一）体育旅游生态环境调查

调查的目的是为评价提供基本依据，因此评价过程必须由专业人员负责。开展体育旅游生态环境评价调查，通过不断查阅资料和讨论研究，最终确定主要项目（图22）。

（二）体育旅游生态环境评价

结合体育旅游生态环境评价的调查结果，同时结合评价人员的实地考察，共同组成体育旅游生态环境评价，具体包括专家评价和游客评价。专家不仅包括体育旅游领域的相关人士，还包括地理、经济、文化、社会等领域的学者。在游客评价方面，可参照已开发的同类旅游产品的游客评价。为体现专家评价与游客评价的独特性和权重的不可比性，可以将两方面评价的定量分值乘上相应的系数得出综合分值，进而得出较为合理的评价结果。

（三）体育旅游生态环境评价的因素指标

由于生态旅游资源评价尚属新生事物，必须进行资源开发后的适宜性验证。验证时要排除因不按照资源评价所提示的开发方向而随意开发的后果对资源评价的干扰。开发后验证可以修正资源评价标准体系。

下面介绍两种评价标准体系：专家评价体系（表21）和游客评价体系（表22）。

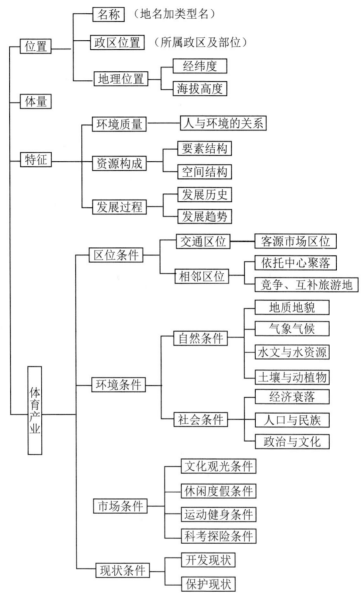

图22 体育旅游生态环境评价调查项目

表21 专家评价体系样表

评价项目	评价因子
特征价值（50分）	环境容量（10分） 环境质量（10分） 要素集中性（5分） 要素多样性（5分） 人与环境互动方式（5分） 功能多样性（5分） 特色突出性（5分） 主题鲜明性（5分）
开发价值（40分）	通达性（4分） 体量（4分） 气候舒适度（4分） 适游期（4分） 互补性（3分） 依托性（3分） 竞争性（3分） 水资源（3分） 政策环境（3分） 社区发展程度（3分） 开发合理性（3分） 保护合理性（3分）
品牌价值（10分）	知名度（4分） 吸引力（3分） 稀缺度（3分）

表22 游客评价表

项目	赋值
环境质量	14
通达性	12
气候舒适度	12
环境多样性	10
人与环境互动性	10
功能多样性	10
主题鲜明性	8
知名度	8
保护合理性	8
开发合理性	8

三、体育旅游生态环境评价标准

（一）定性评价标准

体育旅游生态环境的定性评价标准是宏观上的总体评价标准，主要包括品位和特色两方面。

品位是从整体上看，与同类体育旅游资源相比而确定的。在文字表述上如"国内特有的""省内唯一的""具有境外吸引力的"等。

特色则是从总体上对资源特殊性的描述。比如"北京奥运会主体育场""世界杯决赛赛场"等。

（二）定量评价标准

体育旅游生态环境评价定量标准体系的确立，通常采用层次分析法。首先，调查并筛选评价因素，这个过程需要征集相关专家和游客的意见，还要通过实践来检验。其次，构建层次分明的评价体系，比如分为项目层和因子层。再次，对评价体系进行赋值，采用比较矩阵对分值进行确定。最后，确定综合分值计算方法，比如采用加法和乘法相结合的计算方法。

第四节　体育旅游生态环境的预警管理

随着体育在全球的快速发展，保证旅游发展资源与生态环境处于一种健康、稳定的状态，成为体育旅游可持续发展过程中面临的现实问题。因而，体育旅游生态环境的预警管理研究逐渐成为国内外许多学者的研究内容。体育旅游生态安全是生态安全理论在体育旅游方面的应用，是体育旅游可持续发展的核心和基础；而体育旅游生态环境预警是衡量体育旅游生态环境偏离警戒线的强弱程度并发出相关预警信号的过程，是体育旅游可持续发展中一种重要的监测和预防手段。

从20世纪80年代以来，国内外关于旅游生态环境与预警管理的研究持续增多，通常是通过旅游生态环境承载力、旅游环境容量和旅游生态足迹等方法与模型对旅游景区的生态安全情况进行评价，并结合评价结果提出对策性的措施与建议；还有研究是基于对旅游生态安全状态的评价，构建并完善旅游生态预警体系，从而促使旅游经济、社会与生态三者之间和谐统一。

一、体育旅游生态环境预警评价方法

（一）PSR模型与AHP分析法

体育旅游生态环境预警的评价方法中，通用方法为压力—状态—响应模型（以下简称PSR模型）和层次分析法（以下简称AHP分析法）。

研究者通常结合这两个模型，运用PSR模型时考虑自然、社会、经济等多方面因素，傅伯杰对AHP分析法在区域生态环境预警中的应用进行详细研究，并赋予指标不同的权重。[1]

张健采取AHP分析法对预警指标体系进行构建，并通过SPSS和MATLAB软件对杭州天目山自然风景区进行实证分析。[2]

（二）综合指数法

综合指数法指对整个旅游区域生态环境的各个自然关键因子进行指数分析，其属于多因子综合评价法。首先，对旅游地生态安全变化规律进行分析，建立表征各生态安全因子特性的指标体系。其次，确定好评价标准，建立起评价函数曲线。再次，根据因子的相对重要性，赋予权重。最后，将各因子的变化值综合起来，得到生态安全测度值。

在相关运用中，国外学者欧亨尼奥·马丁通过概率和弹性力学构建了旅游社会承载力的随机效用模型。在国内学者的相关运用中，曾琳以矩阵和权重的形式对预警系统进行了测算[3]；杨春宇等人构建了生态旅游环境承载力预警系统的数学模式[4]；游巍斌等人运用矩阵等对生态安全的等级进行构建[5]。

[1] 傅伯杰.AHP法在区域生态环境预警中的应用[J].农业系统科学与综合研究，1992（01）：5-7，10.

[2] 张健.自然景区生态安全预警指标体系与方法研究——以杭州天目山自然风景区为例[D].杭州：浙江大学，2009.

[3] 曾琳.旅游环境承载力预警系统的构建及其分析[J].燕山大学学报，2006（05）：463-467.

[4] 杨春宇，邱晓敏，李亚斌，等.生态旅游环境承载力预警系统研究[J].人文地理，2006（05）：46-50.

[5] 游巍斌，何东进，覃德华，等.世界双遗产地生态安全预警体系构建及应用——以武夷山风景名胜区为例[J].应用生态学报，2014（05）：1455-1467.

（三）模糊评价法

模糊综合评价法以模糊隶属度理论为基础，将定性指标科学合理地定量化，从而有效解决了现有评价方法中评价指标单一、评价过程不合理的问题。模糊评价法将定性与定量相结合，具有很高的综合化程度，已在资源与环境条件评价、生态评价、区域可持续发展评价等各方面广泛运用。

曹新向通过模糊评价法对生态预警指标进行深入研究，并将模糊评价法与综合指数法进行对比[1]。

赵新伟充分借鉴了生态环境能力建设的临界调控思想，通过模糊综合评价法对开封市的旅游生态安全预警进行初步评价[2]。

二、体育旅游生态环境预警模型构建

（一）单一化预警模型

单一化预警模型包括单一指标和多指标两种，具体来说就是确定某一指标或不同指标的预警值，通过指标数据与预警值的对比，了解旅游景区所处的预警区域。

在单一指标的预警模型中，杨永丰运用拐点理论对旅游地生命周期预警效应的研究很有代表性，通过由拐点测算的单一数值，将预警分为理想、良好、停滞、衰退及恶化五个等级标准。

对于由多指标构成的单一化预警模型的研究，游巍斌等人针对不同指标的综合测算，将旅游生态环境预警划分为不同的预警层级。

（二）系统化预警模型

系统化预警模型进一步发展了单一化预警模型，从预警的"事前—事后—事中"的研究逻辑进一步发展，逐渐向动态、开环、信息化发展。

霍松涛对旅游预警系统中的旅游警情动态监测子系统、旅游警兆识别子系

[1] 曹新向.基于生态足迹分析的旅游地生态安全评价研究——以开封市为例[J].中国人口·资源与环境，2006（02）：70-75.

[2] 赵新伟.区域旅游可持续发展的生态安全预警评价研究——以开封市为例[J].平顶山工学院学报，2007（06）：13-17.

统、旅游警源分析子系统、旅游警度预报子系统和地理信息技术辅助子系统进行了深入探究[1]。

王静等人进一步完善了预警系统，增加了预警控制阶段，包括排除警患、警后控制和信息反馈这三个方面[2]。反馈的信息可以应用于下一轮的预警中，从而形成一个循环的系统。

除了纵向深入外，动态监测系统模块也逐步向横向拓展。陆均良等人设计出水利风景区生态预警系统的工作流程，这个系统能够获取景区生态信息现时数据，并对生态信息的未来值进行预测，再与景区预警阈值进行比较[3]。

另外，陆均良和王静分别从预警系统的源头和结尾进行纵深优化探索，为广大学者构建旅游预警系统模型提供有效参考。

除此之外，根据构建预警系统的顺序，赵永峰等人分别划分了预警指标模块、指标权重模块、旅游者人数预测模块、警戒区间模块及预控对策模块[4]；曾琳研究出了旅游环境系统稳定分析模型，并推导出景区人流量动态预测公式，体现了很高的应用价值。

（三）信息化的预警模型

随着科技的进步与普及，互联网技术、地理信息系统（以下简称GIS）技术及网络系统、BP网络模型等信息技术在旅游生态预警模型的应用更加广泛。

刘振波等人利用WebGIS技术，在建设绿洲生态预警信息系统的过程中使GIS基本的视图显示功能提供数据可视化显示，使其服务于预警决策信息的提供[5]。

胡伏湘通过GIS技术和空间数据库技术，将预警系统分为六大模块，分别为管理模块、系统监控模块、信息采集模块、输出查询模块、报警处理模块和决策分析模块，其中管理模块包括输入基础数据、应用参数等[6]。

闫云平等人采取客户端—服务器的开发模式，将visualMap作为GIS组件库，建立了西藏景区生态安全预警系统[7]。

[1] 霍松涛.旅游预警系统的初步研究[J].资源开发与市场，2008（05）：230-232.

[2] 王静，祝喜.旅游安全预警的相关研究[J].浙江旅游职业学院学报，2009（03）：3-7.

[3] 陆均良，孙怡.水利风景区生态信息构成与生态预警控制研究[J].水利经济，2010（06）：53-56

[4] 赵永峰，焦黎，郑慧.新疆绿洲旅游环境预警系统浅析[J].干旱区资源与环境，2008（07）：144-149.

[5] 刘振波，倪绍祥，赵军.绿洲生态预警信息系统初步设计[J].干旱区地理，2004（01）：19-23.

[6] 胡伏湘.基于GIS技术的旅游景区生态预警系统研究[J].软件，2011（12）：1-3.

[7] 闫云平，余卓渊，富佳鑫，等.西藏景区旅游承载力评估与生态安全预警系统研究[J].重庆大学学报，2012（51）：92-98.

　　王汉斌等人对BP网络模型预警系统进行深入研究与运用，将旅游安全预警基础指标作为输入层神经元，通过隐含层神经元的数据处理，得出输出层神经元即旅游安全状态。[1]

　　总体来看，信息化预警模型具有方便、快捷的优点，但在选择相应的函数、设计层级结构等方面需要具体情况具体分析，且具有较大的人为主观判断因素。

---

　　[1]　王汉斌，李晓峰.旅游危机预警的BP神经网络模型及应用[J].科技管理研究，2012，24：209-213.

第六章 体育旅游安全及其保障体系研究

体育旅游属于高危旅游形式，体育旅游的安全问题一直制约着体育旅游的健康与持续发展，同时也给社会的和谐安定造成了威胁。鉴于我国体育旅游发展时间短、安全问题多、影响因素复杂，而且学界很少对其进行深度研究，所以有必要深入探讨体育旅游的安全问题，提出安全策略，促进体育旅游安全健康发展。本章主要就体育旅游安全及其保障体系进行分析与探讨，主要内容包括体育旅游的安全现状及制约因素、常见伤害事故及处理、安全准备、体育旅游安全救援体系及安全保障建设。

第一节 体育旅游安全现状及制约因素分析

一、体育旅游安全现状

（一）安全问题种类多

体育旅游涉及丰富多样的活动项目和不同的参与者，所以会产生种类繁多的安全问题和隐患，并表现出体育旅游安全问题不同的形态和制约因素。在体育旅游领域，旅游信息越详细，该领域的现状及发展趋势越能被清楚地反映出来，这不仅能够对体育旅游者有一个清楚的了解，还能够对体育旅游安全问题的特点及影响原因进行深入了解。

体育旅游参与者可以分为两种类型：一种是首要体育旅游者，还有一种是附带体育旅游者。这两种类型的体育旅游者有共同点，即主要出游动机是参与体育活动，而参与方式和目的的不同是这两类体育旅游者的不同之处，正因如此，他们会在旅游中遇到不同的安全问题。通过归纳不同体育旅游参与者遇到的安全问题可以清楚地看出，体育旅游的所有参与者都有可能遇到安全问题或事件，这与自然因素、人为因素、器械因素等有关，因此可以说，体育旅游安全问题种类繁多且复杂。

（二）安全问题性质严重

安全问题是人类一直以来都非常关注与重视的大问题，安全问题包括人身安全问题、财产安全问题等类型，不管是哪种安全问题，影响都非常大。作为世界上最具普及性的活动，体育运动的安全问题非常突出。体育旅游活动丰富多彩，其在给人们带来激情和欢愉的同时，也存在很多安全隐患。在世界范围内，几乎每年都会发生重大安全事故，而且这些事故的性质是非常严重的。通常，各类体育旅游活动中，安全系数最高的是健身类体育旅游，最低的是挑战极限类体育旅游，居中的是观赏类体育旅游。

（三）安全意识淡薄

体育旅游安全意识指的是体育旅游者及相关从业人员对安全概念的认知、对安全事物的注意及与安全影响因素做斗争的一种心理状态和活动。体育旅游者及相关从业人员的安全预防意识、补救意识及法律意识是安全意识的主要表现。

旅游者一般通过亲自经历、亲友介绍、新闻媒体三个渠道认识安全问题。当前，体育旅游者普遍对体育旅游的安全问题没有清晰的概念，而且旅游者因为自身经历以及一些外在影响的原因，不太重视旅游安全，所以不会事先预测可能会出现的突发状况，也不会做好应对准备或制定一个良好的策略，在真正遇到突发状况时惊慌失措，手忙脚乱，造成严重后果。

目前，安全意识淡薄的问题在大多数体育旅游项目中都普遍存在，而且不仅发生在旅游者身上，也发生在组织者身上。体育旅游者安全意识淡薄、欠缺经验，组织者的经验也不足，因此面临的安全危机十分严重。2011年，中国青年报社会调查中心通过民意中国网和网易新闻中心进行的一项题为"谁该为驴友探险事故负责"的在线调查显示，在参与调查的1990人中，喜欢户外探险的有59.6%，赞同"驴友"自发组织户外探险的人有42.3%，表示反对的有25.2%，感觉"不好说"的人有32.5%；受访者中，37.3%是"70后"，42.5%是"80后"。其中，认为主要因为"驴友"缺乏户外运动经验而安全事故频发的人有78.6%。[1]

中国紧急救援联盟官方网站上的《2010年度中国户外安全事故调研报告》显示，在事故原因统计中，造成户外事故的主要原因是迷路，这一原因造成的户外事故占所有户外事故的51.6%，而"驴友"缺乏户外知识和自救能力、准备不充分是迷路的主因。该统计还显示，选择"因'驴友'缺乏户外运动经验而造成探险事故频发"的人占一半以上。

在21世纪信息时代，"驴友"通过网络聚集在一起是很容易的，但这些人中，做好充分心理准备和技术准备的很少，有些人一味追求个性化，在毫无准备的前提下去人迹罕至的地方探险，有很大的危险性。

此外，探险组织者的资质问题是当前体育旅游中一个非常突出的问题。"驴友"探险活动属于新生事物，组织机构一般多为虚拟，基本没有实体机构，即使有，多是未注册且缺乏规范管理的。调查发现，赞成对探险活动组织者进行资质认定，认为对无资质者组织探险的行为要严格禁止的人有67.7%；52.0%的人提出，如果行业准入制度不落实，体育旅游市场将难以实现有序化、规范化。[2]

（四）安全措施流于形式

受历史因素的影响，我国体育产业进行体制改革的时间很晚，目前正从计划体制向市场体制过渡，还没有完全厘清产业体制，非市场经济的思想和做法仍然存在，如果不从市场要求和实际情况出发，而盲目开展各种体育旅游活动，对安全措施不注重，最终将会导致严重的安全事故。

在旅游过程的判断中，旅游安全措施是非常重要的指标，但目前来看，很多体育旅游项目中只有一些流于形式的安全防护措施，以下问题普遍存在：防护设备年久失修，有较高危险性，如有些登山索道、缆车绳索、扶梯等设备看起来运行正常，可是距离上次检查和维护已经隔了很长时间了，即使经过检查和维护，也是为了完成任务，工作人员不够尽职尽责。此外，在漂流项目中，水势较急的地方没有采取防护措施，导致事故频发，这虽然与资金紧缺有关，但主要的原因是景区管理人员缺乏安全意识。

---

[1]　李锦.体育旅游安全研究[D].长沙：湖南大学，2013：18.

[2]　户外运动事故频发67.7%的人建议禁止无资质者组织探险[N].中国青年报，2012-01-10.

（五）安全管理不规范

我国体育旅游行业中还未形成规范的安全管理体制，特别是户外、探险等挑战性强的项目面临突出的安全管理问题。有些非定居地或人烟稀少及少数民族居住地等，虽然有美丽的风景，但受经济和城市化发展的影响，体育旅游设备严重缺乏，而且缺少辅助保护设备，这就对安全管理的规范性造成了严重的影响。具体原因主要表现在以下几方面。

第一，户外体育旅游项目的开展对原始生态自然环境的依赖性很强，这类项目具有原生性，造成现代化保护措施的缺失，无法准确预见与及时控制自然环境的变化，因此产生危险的可能性比较高。

第二，少数民族传统体育项目中室内项目较少，室外项目多，如狩猎、骑马、滑草等都是室外项目，因此自然环境会在很大程度上制约这些体验式的体育旅游项目，自然环境的潜在危险对体育旅游构成了一定的威胁。

第三，相关资料显示，群众户外体育活动组织者在不超过预定出行人数的情况下，不管有多少人报名，都会同意，将这些人组织起来后，一般只是交代一下简单的注意事项，基本上没有培训，所以活动危险性较大。

二、体育旅游安全的制约因素

（一）人为因素

一些体育旅游者缺乏安全意识，户外运动经验少，活动前未做好充分准备，没有清楚认识活动中的潜在危险，没有接受户外专业知识培训。在活动中感觉不舒服时盲目行动或隐瞒自己不适宜进行户外活动的疾病，缺乏与队友的沟通，在遇到困难时不求助，对组织者的指挥也不服从。发生在体育旅游者身上的这些小问题都有可能酿成重大安全事故，带来严重的灾难。此外，体育旅游者的户外急救水平也会对安全事故产生影响。

（二）设备因素

体育旅游中安全事故的发生与设备因素也有一定的关系，主要表现在以下几方面。

（1）设备数量有限。

（2）设备本身有安全隐患。

（3）户外运动装备为假冒伪劣产品。

（4）设备选用不当。

（5）安装设备出现错误。

（6）设备操作不当。

（7）设备没有及时维修保养。

（8）设备不适合用于特殊参与者。

（9）设备出现机械故障等。

许多初级"驴友"在参与探险性体育旅游活动时，因为缺乏专业知识和户外经验，很容易错误地使用设备，从而造成伤亡事故，如夜间行进中坠崖、扎营位置不合理而被山洪冲走等。

（三）环境因素

在体育旅游中，受自然环境的影响，容易遇到洪水暴发、山体滑坡、雪崩、暴风雪、泥石流等自然灾害，这些灾害会带来巨大的危险。此外，体育旅游者如果不小心与有毒动植物接触，或被野生动物袭击，或遭遇动乱、战争、流行性疾病等，也会有人身危险。

在体育旅游安全事故的产生原因中，迷路是主要原因之一。有些山地地势复杂，如北京的箭扣长城、四川的四姑娘山、陕西的子午峪等，不熟悉地形的旅游者很容易迷路，从而引发安全事故。

（四）组织管理因素

现阶段，我国体育旅游安全管理还处于真空状态，对于体育旅游安全来说，专业的组织者和资深的领队都十分重要。一些组织机构资质差，缺乏专业教练，随意在网上宣传并自发组织活动，在安排领队时没有选择有资质的人员，这些都容易造成安全事故。

现在，除了俱乐部和公司组织的活动外，"驴友"自发组织的体育旅游活动很常见，这些户外活动存在很多安全隐患，如专业知识、装备、技术缺乏，组织者与参与者交流少，户外运动计划和应急预案不完备，遇到紧急事件时处理方法不当，因受伤没有得到及时救治而致死等事件有很多。

体育旅游管理离不开旅游与体育部门、当地行政机关的相互协调，但现实中，以上部门并没有做到协调管理，没有达到一管到底的效果。我国体育旅游开发管理多为政府行为，社会参与比例少。行政管理与市场缺乏紧密结合，而且也没有深刻分析国内外的体育旅游现状，这在我国体育旅游发展不成熟的情况下，对体育旅游的安全管理造成了严重影响。

第二节　体育旅游中常见伤害事故及处理

一、中暑

（一）概念

在高温和热辐射的长时间作用下，机体体温调节障碍，水、电解质代谢紊乱及神经系统功能损害的症状总称中暑。

（二）处理方法

发生中暑时，可采取下列急救方法。

（1）迅速从高温环境撤离，在阴凉通风的地方休息。

（2）多饮用含盐分的清凉饮料。

（3）服用人丹、十滴水、藿香正气水等中药。

（4）把清凉油、风油精等涂抹在额部、颞部。

二、溺水

（一）概念

溺水是指人淹没在水中，因为水、污泥、杂草等杂质阻塞呼吸道，喉头、气管发生反射性痉挛，引起窒息和缺氧。

（二）处理方法

如果意外落水，附近无人救助，首先应保持镇静，不要乱蹬手脚挣扎，这样只会让身体更快下沉。

1.自救

（1）落水后马上屏住呼吸，踢掉鞋，肢体放松，等待浮出水面。

（2）感觉开始上浮时，保持仰位，头部后仰。不胡乱挣扎，以免失去平衡。

（3）口鼻最先浮出水面后呼吸、呼救。

（4）尽可能用嘴吸气、用鼻呼气，这样不容易呛水。

2.救人

（1）发现有人落水时，如果自己不会游泳，不要冲动下水救人，首先应高声呼叫，同时就近找救生圈、木块等可漂浮物，抛给落水者。

（2）如没有找到可漂浮物，也可找长竹竿、长绳抛给落水者拉他上岸。

（3）如果没有长绳等，迅速脱下长裤在水中浸湿，扎紧裤管，充气，再扎紧裤腰后，向落水者抛去，告知落水者用手抓住，借以将头浮出水面呼吸。

（4）如果在冬季发现踩破冰面的落水者，要在冰面上伏卧，慢慢接近落水者，尽可能减轻身体局部对冰的压力，以防跌入水中，然后再向落水者抛去围巾、长绳或竹竿等，拉他上岸。

三、毒虫咬伤

（一）常见毒虫咬伤的情况

1.蝎子咬伤

蝎子又称"全虫"，被它螫伤后，局部红肿，有烧灼痛，轻者一般无症状。如严重中毒，会出现头痛、头晕、流涎、恶心呕吐、肌肉痉挛、大汗淋漓等症状。

2.蜈蚣咬伤

蜈蚣俗称"百足虫"，被蜈蚣咬伤后，会出现局部红肿、热、痛症状；严重者有高热、眩晕、恶心呕吐、全身发麻等症状。

3.蚂蟥咬伤

被蚂蟥叮咬后，会出现伤口麻醉、流血不止、血管扩张及皮肤水肿性丘疹、疼痛等症状。

4.毒蜘蛛咬伤

被毒蜘蛛咬伤后，会发生肿胀、肤色变白、痛感剧烈症状；严重者全身无力、恶心呕吐、发烧、腹肌痉挛，甚至危及生命。

5.蜂蛰伤

被蜂类蛰伤后，轻者局部红肿，局部淋巴结肿大；重者发热、头晕、头痛、恶心、昏厥等。对蜂毒过敏者，会有生命危险。

6.毒蛇咬伤

毒蛇的头多呈三角形，颈部较细，尾部短粗，色斑较艳，咬人时嘴张得很大，牙齿较长。毒蛇咬伤部常留两排深而粗的牙痕。无法判定是否毒蛇蛟伤时，按毒蛇咬伤急救。

（二）处理方法

1.蝎子咬伤的处理

（1）迅速拔出残留的毒刺，用止血带或布带扎紧咬伤处上端，每15分钟放松1~2分钟。

（2）用吸奶器或拔火罐将含有毒素的血液吸出来。

（3）用5%小苏打溶液、3%氨水、0.1%高锰酸钾溶液等任何一种对伤口进行清洗。

2.蜈蚣咬伤的处理

用3%氨水、5%~10%小苏打溶液、肥皂水等任何一种对伤口进行冲洗。

3.蚂蟥咬伤的处理

（1）不要硬性拔掉蚂蟥虫体，以免蚂蟥被拉断后造成伤口感染、溃烂。

（2）轻轻拍打蚂蟥叮咬部位的上方，使其掉落，也可在虫体上滴撒烟油、浓醋、食盐、酒精等，使其自行脱落。

（3）虫体脱落后，若伤口一直流血，用纱布压迫止血2分钟左右。再用5%小苏打溶液洗净伤口，将碘酊涂抹在伤口处。

（4）如伤口再出血，用一些云南白药粉敷在伤口处。

4.毒蜘蛛咬伤的处理

（1）用止血带将伤口上方紧扎，每隔15分钟左右放松1~2分钟。

（2）对伤口做"十"字形切口，用力向外挤出毒液。

（3）用石炭酸烧灼伤口，将止血带放松。

（4）用2%碘酊局部涂抹。

5.蜂螫伤的处理

（1）先将螫针拔出。

（2）用3％氨水、肥皂水、食盐水、5％小苏打溶液等任何一种对伤口进行冲洗。

（3）用季德胜蛇药或六神丸研末外敷患处。

6.毒蛇咬伤的处理

被毒蛇咬伤后，立即用止血带或布带等，在伤肢近侧5～10厘米处或在伤指（趾）根部予以绑扎，减少静脉及淋巴液的回流，暂时阻止蛇毒吸收。在运送去医院的途中应每隔15~20分钟放松1～2分钟，防止伤肢淤血及组织坏死。待伤口彻底清创处理和服用蛇药片4小时后，绑带才可以解除。

四、食物中毒

（一）概念

食物中毒是指摄入食物中的有毒物质引起身体的不良反应，包括细菌性食物中毒、真菌性食物中毒、动植物性食物中毒、化学性食物中毒。

食物中毒来势凶猛，多发生在夏秋季。食物中毒的症状是恶心、呕吐、腹痛、腹泻，有的会发烧，严重的会有休克、昏迷等症状。

（二）处理方法

吃过东西后如果感觉不舒服，马上用手指或筷子进行催吐，并及时就医。

第三节　体育旅游者的安全准备

一、基本物资准备

（一）帐篷

体育旅游者外出旅游，特别是参与户外体育旅游项目时，往往以帐篷为"家"。对于户外体育旅游者来说，帐篷是安全舒适的庇护所，是挡风遮雨的港湾。帐篷有很多种类，以形状为依据，可以将帐篷分为"人"字形帐篷（图23）、蒙古包帐篷（图24）、屋形帐篷（图25）、六角形帐篷、拱形帐篷等；以用途为依据，可以将帐篷分为低山帐篷、高山帐篷、旅游帐篷和军用帐篷等。

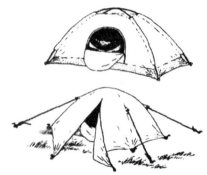

图23　"人"字形帐篷　　　　图24　蒙古包帐篷

图25　屋形帐篷

帐篷的类型很多，在选用帐篷时要多加留意，重点考虑以下几个问题。

（1）考虑旅游目的地的气候，如果多雨，要选择防水性好的帐篷。

（2）如果参加登山和探险活动，选择结实耐用的帐篷，不易折弯。

（3）如果在夏天出行，选择单层帐篷；如果是在其他季节出行，适合选择双层帐篷。

（4）最好选用暖色调的帐篷，如黄色、橙色、红色等，识别起来比较容易。

（5）如果没有特殊情况，最好选用双人帐篷，这样更容易架设。

（6）注意对帐篷的保养，延长其使用时间。

（7）不可以在帐篷内野炊，以免引起火灾。

（二）睡袋

睡袋的主要作用是保暖，睡袋是被和褥的结合，保暖效果很好。

睡袋种类较多，以形状为依据，有信封式睡袋和木乃伊式睡袋两种类型（图26）。

信封式睡袋携带方便，使用舒适，价格较低，家中也可使用。木乃伊式睡袋类似于人体形状，带有头套，侧面有拉链，保暖性能好。

体育旅游者选择睡袋时，要着重注意睡袋的轻便性、保暖性、舒适性与易挤压性等，并考虑不同睡袋的温标、防水功能等。

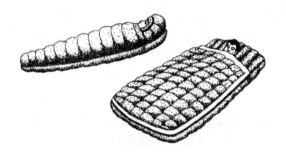

图26　睡袋

（三）炉具

体育旅游者选用炉具时，安全性好、热效率高、燃料低廉且容易获得的炉具是首选。体育旅游者应携带防风气体打火机、灯笼蜡烛，以便照明、取暖、煮饭。

二、基本技能准备

（一）明确方向

1.徒手辨别方向

（1）借助金属丝判定方向。在头发或化学纤维上放一个细的金属丝，然后朝同一个方向摩擦，悬挂金属丝，其指向的方向是南北方向。

（2）植物定向。学会根据植物的趋光性、形状、喜阴性等对方向进行判定。

（3）观星定向。根据北极星可以判别方向。首先找到勺状的北斗七星，然后用目光连接勺顶的两颗星，连接后延长该连线的长度，直至4倍长时就能看到北极星。

（4）测风定向。季节风向有规律，我国大部分地区春、夏、秋、冬分别多见南风、西南风、东北风和北风。借此可判定风向。

2.利用仪器辨别方向

常见的指向仪器有罗盘、指南针及卫星定位系统，随身携带这些指向仪器可随时判别方向。

（二）识别气象

1.观雾识天气

（1）"早雾晴，夜雾阴。"如果早上空中有雾气，当天是晴天；如果晚上空中有雾气，第二天天气不好。

（2）"久晴大雾阴，久雨大雾晴。"一般而言，如果天气长期都是晴朗的，空气就比较干燥，气压也比较高，这时不容易形成云层和大雾，倘若此时天空中出现了大雾，气压就会变低，晴天就会慢慢变成阴天。如果长时间连续下雨，地面水分不断蒸发，雾气很容易形成，而随着雾气的蒸发，天气会慢慢转晴。

（3）"雾收不起，大雨不止。""日出雾难消，当日有雨。"如果雾气在阴天出现，则不容易散去。如果雾气久久不散，且云不断靠近雾，或者雾升高和云连起来，使云层加厚，当天会下雨。

2.看云识天气

（1）"朝霞不出门，晚霞行千里。"早上天空中出现彩霞，可能是一个坏天气，不适宜远行；如果傍晚出现了彩霞，说明天气不错，可以出门远游。

（2）"早起乌云现东方，无雨也有风。"夏季早晨，东方天空中出现乌云，会有大风或会下雨。

（3）"红云变黑云，必是大雨淋。"太阳升起时，天空中有红云，如果红云变成了黑云，会有大雨。

（4）"日落火烧云，明朝晒死人。"日落后，如果空中出现红云，第二天天气会很好。

第四节　体育旅游安全救援体系建设

一、我国体育旅游安全救援的问题分析

体育旅游安全事故具有客观存在性、突发性、紧迫性、复杂性及影响重大性等特征，因此，为维护体育旅游业的健康发展，必须注重安全管理，科学落实安全救援，构建体育旅游安全救援体系势在必行。但目前来看，我国体育旅游安全救援工作还处在起步阶段，提供旅游救援工作的机构很少，学界还未真正重视对旅游安全救援的研究，救援体系缺乏整体性，各要素之间缺乏协调，现有救援体系的作用没有充分发挥，旅游救援问题重重。

调查发现，我国体育旅游安全救援的问题具体表现在以下几个方面。

（一）救援队伍装备不足，能力低

实践证明，各种救援技术和装备的配置在很大程度上决定了旅游事故处置工作能否成功。但目前，我国体育旅游救援技术、装备、队伍专业化程度还不能使各种旅游事故的救援需要得到满足。现有的救援装备数量少、技术水平低，而且低层次重复建设问题严重，旅游救援队伍还未达到专业化程度。即使政府公共救援机构已承担了大量救援任务，完成了很多救援工作，但应急装备和器材不足，救援队伍专业化程度低的问题依然存在，面对紧急事故需要的针对性强、特殊专用的先进救援装备更是稀缺。

（二）法制建设滞后

在体育旅游安全保障系统中，体育旅游安全救援法律法规是基础，其指导着体育旅游安全预警、救援、保险等系统的建立，而且具有规范这些系统的作用。目前，各个层次的安全管理法律和制度已经在日本、美国等发达国家建立，安全管理机构的组织权限、职责和任务得到了非常明确的规定。我国与这些国家相比，缺乏完善的救援法律法规，现有的法律法规还没有完全涵盖各类灾害及灾害预防、预警、救灾、灾后重建等环节。整个旅游工作因为高层次法律的缺乏而显得很被动，效率很低，无法保障救援的高效性和及时性。

体育旅游救援法律法规的建设至关重要，但我国相对于日本、美国等发达国家而言，这方面非常不足。目前，我国虽然有《中华人民共和国旅游法》这一旅游业的基本大法，但尚无旅游救援方面的专门法律。只在一些法律、法规、行政规章、地方性立法中简单涉及旅游救援的内容，这些内容不系统、不全面，也没有权威性。同时，我国旅游综合协调部门的法律地位也不明确，发生旅游安全事故后，多是组建临时领导小组，主要依靠行政协调和领导权威进行救援，对法律机制的依靠很少，一些地方民间救援组织处于尴尬的地位。

（三）救援体系不完整

目前，我国旅游救援力量主要有政府公共救援机构、商业救援机构、民间专业救援队伍三种类型。

三类救援力量中，以政府公共救援为主，政府承担救援费用。旅游者发生事故后，拨打报警电话，政府启动救援小组（公安、武警、消防、旅游等），实施安全事故救援，处理善后。对于散客自助游安全事故（如失踪、溺水、坠崖等），也是由政府部门（消防、武警、公安、医院等）人员组成事故救援小组进行救援。

关于遇险者应如何承担被救援费用，目前我国还没有明文条例规定，但针对不断发生的安全事故，武警官兵、消防战士、医疗救护人员都参与救援，有些地区甚至动用直升机，耗费大量资金成本，而且面对险恶的救援环境，非专业救援队伍也会有遇险的可能。游客遇险，无条件动用公共资源进行救助，甚至造成救援者牺牲，也反映了旅游救援体系的不合理、不完善。

商业救援机构受众面窄，基本上只将境外游客作为救援对象，对国内游客进行救援的机构很少，即使有，也只是对因公旅游者或旅行社组织的团队旅游者进行施救，很少有将自助游、背包游等散客作为施救对象的商业救援机构。

民间专业救援队伍一般由志愿者或旅行爱好者组成。他们来自不同单位，都有自己的社会工作，专业背景不同，而且团队人员不固定，这就造成了救援工作的不协调。民间专业救援队伍自身也面临很多发展问题。民间救援组织具有公益性，但也需要运营成本，现有民间救援机构大部分不确定身份，能拿到民间捐款和企业赞助的很少，因此要由救援队员自己承担救援行动的成本，每个队员付出的费用都比较多。而每次救援中，救援队员也会遇到安全风险，由于救援时间紧，从保险公司买保险也很紧张，这就无法保障救援志愿者自身的安全。长此以往，民间救援组织很难发展壮大。

（四）旅游保险与旅游救援脱节

在体育旅游发展中，旅游保险是安全阀，可以对旅游经济发展风险进行有效化解，使游客的合法权益得到最大限度的保障，使旅游企业的经营风险成功转移。目前，我国旅游安全救援市场中已有国际知名救援公司介入，这些公司通过与我国知名保险公司合作，将紧急救援服务提供给我国购买境外旅游意外险的游客。近年来，旅游保险业平稳快速发展，但体育旅游保险业相比旅游业，发展落后，而且旅游保险与旅游救援存在脱节，导致难以解决救援费用的问题。

2010年1月1日，国家旅游局（现为国家文化和旅游部）和中国保险监督管理委员会（现为中国银行保险监督管理委员会）在全国范围内正式启动旅行社责任险统保示范项目，团队旅游安全事故的理赔问题在很大程度上得到解决。但是，我国体育旅游保险产品仍与旅游市场风险管理的需求不相适应，只有少数保险产品承接旅游搜救费用和承保新兴探险项目。而且很多公司的保险条款规定，在高风险活动（攀岩、漂流、赛马、登山、潜水、冲浪等）中造成的人身安全或财产安全问题，不予赔偿。体育旅游救援外围机构相关功能的缺失影响了我国体育旅游救援体系的构建。

（五）与国际接轨的旅游救援机制严重缺乏

体育旅游业是一个综合性产业，体育旅游救援体系可以组织旅游救援机构、外围机构等机构和人员，将他们团结在体育旅游救援指挥中心的周围，对体育旅游救援工作进行统一策划，促进社会联动系统的形成，将集体力量发挥出来。所以，构建体育旅游救援体系涉及的政府职能机构很多，如旅游行政管理部门、消防部门、公安部门、工商部门、医疗卫生部门、保险部门、电信部门、新闻媒体等。但目前来看，我国的这些部门、机构之间的行政关系大都还没有理顺，多头领导、管理错位和混乱的问题比较严重。而且因为职责不明、责任落实不到位，在管理上造成了"真空地带"，再加上体制的缺陷，种种原因导致我国与国际接轨的统一的旅游救援机制还未建立，无法及时落实体育旅游救援。

当前，全国性旅游救援指挥中心在我国还未成立，区域性旅游救援指挥中心数量较少，能与国际救援中心接轨的体育旅游安全救援系统还未形成。每次发生体育旅游安全事故后，各地会成立临时领导小组，但这种团队没有延续性，不能有效保留事故处理的经验，而且通常需要多个机构合作才能满足旅游救援的处理需要，临时领导小组与相关机构协调需要花费大量时间。另外，因为有效的事故预警、可行的救援计划和成熟的救援操作方案较为缺乏，所以救援行动往往存在成本高、矛盾多、后遗症长存的问题。

二、我国体育旅游安全救援体系建设的基本思路

从20世纪70年代开始，国际上众多学者及旅游业界就开始关注旅游安全问题了。在许多国家，政府积极发挥主导作用，社会、企业广泛参与，旅游安全保障体系已经形成而且较为完善。在我国，作为公共权力行使者、公共产品提供者、公共利益代表者、公共事务管理者、公共秩序维护者的政府，在体育旅游突发事件管理中，扮演着"守夜人"角色，是体育旅游安全管理的必然主体和法定责任者，维护着旅游者的安全。因此，面对多样且复杂的旅游安全救援对象，我国应由政府牵头，组织建立全方位、立体化、多层次的综合性体育旅游救援体系。

下面为我国构建体育旅游安全救援体系整理一些基本思路。

（一）充分了解体育旅游安全救援体系的特点

体育旅游安全救援体系具有特殊性，其面对的旅游者身处异地陌生环境，体育旅游事故发生后的应急救援方式、医疗救助方式、救助资金支付、事故善后处理等不同于一般性的突发事件。所以，首先需要设立政府统筹和联动管理机制，使紧急救助、资金支付、善后处理等一系列问题能够顺畅解决。各级旅游行政部门必须设立专门的体育旅游安全管理部门，加强对旅游安全相关单位间利益职责关系的协调，加强相关法律法规的制定，对建设旅游安全救援体系进行指导。

（二）加强多层次救援队伍的培养

在市场经济条件下，政府独立完成所有应急救援管理任务是不可能的，因为缺乏足够的资源，而且也没有太多的能力。面对频发且多样的旅游事故，只靠政府投入巨额的救援经费和完成救援任务是远远不够的。而且针对某些旅游事故，武警、公安等救援队伍的救援技术和力量可能还不如专业的山地救援队伍、水面救援队伍等。所以，在发挥政府作用的同时，要加强对多层次救援队伍的培养。

（三）加强救援与保险的结合，构建救援基金

要促进救援服务的发展，就必须加大资金支持力度，加强与保险业的结合，这种合作途径与救援规律及需要是相符的。国际专业旅游救援服务通行的做法是充分利用保险服务。国际SOS服务的惯例是，游客在旅行前通过保险公司购买相应险种，在发生事故后，国际SOS作为保险公司的协议单位提供救助，再由保险公司赔付费用。在国外，旅游救助保险已经深入人心，人们如果没有旅游救助保险和救援计划的保障，是不会轻易出游的。在我国专业体育旅游救援服务的发展中，本应该是由保险公司分担救援成本，因此要对以往由政府承担所有救援费用的局面进行改善。另外，我国旅游保险业还处于初步发展阶段，而且大众在这方面的认知度低，所以在构建救援体系的初级阶段，应加强对旅游救助基金的设立，进行人道主义费用支付，并同时帮助遇到重大事故的旅游者垫付急需的费用，对不属于保险责任或超过保险责任限额而又确需支付的相关费用等进行处理。

完善的体育旅游安全救援体系应该是"政府+救援机构+保险及救援基金"的模式，由政府担任组织者、协调者，团结社会各层次的救援力量，与政府救援机构合作，并负责组织部分救援基金；救援机构与保险公司联合，由作为保险公司协议单位的救援机构实施救助，再由保险公司完成事后赔付工作。

第五节 体育旅游安全保障体系建设

体育旅游具有惊险性、刺激性和挑战性，参与者为了从中获得满足和愉悦，不断挑战自我和超越自我。但是，刺激往往带有风险，发展体育旅游，我们面临的最大问题是安全问题，所以，必须构建良好的体育旅游安全保障体系。

一、体育旅游安全保障体系的子体系及各体系建设

体育旅游安全保障体系作为一项社会系统工程，主要由体育旅游安全预警体系、政策法规体系、安全救援体系、安全保险体系、教育体系五个子体系组成，下面着重分析这五个子体系的建设。

（一）体育旅游安全预警体系

体育旅游安全管理的第一步是事前预警，这也是体育旅游安全管理的关键。做好安全预警，不但能够使体育旅游安全事故发生的概率降低，而且能够促进政府和个人应对体育旅游安全事故的能力不断提高，使体育旅游安全事故造成的损失减少。而体育旅游安全预警则是通过对某一类体育旅游活动的异常跟踪，对其不稳定因素进行辨识，发现特定问题并进行组织，及时上报，化被动为主动，避免体育旅游安全事故发生或者在事故发生前将问题解决好。

体育旅游安全预警体系的建设应从以下几方面展开。

第一，尽管体育旅游安全事故大多是突发事件，发生概率低，但这始终是客观存在的，不可避免。而且，因为准备不充分，体育旅游安全事故往往会带来巨大的损失，人们会花很多时间和精力来处理。所以，体育旅游安全管理者、体育旅游从业人员、体育旅游者、旅游目的地居民等相关人员都必须变换思维，更新观念，树立并提高安全意识，从思想上真正重视体育旅游安全。

第二，在发生体育旅游安全事故前，总会出现一些征兆。只要及时捕捉这些信号，深入分析处理，及时采取有效措施，就能够最大限度地减少体育旅游安全事故的损失，甚至起到成功预防事故发生的作用。所以，旅游安全信息搜集、分析、对策制定和信息发布等是体育旅游安全预警系统担负的主要功能，鉴于此，非常有必要加强中国体育旅游安全信息搜集、分析、发布及通信保障机制的建立健全。政府应该不断对公共信息平台进行完善，建立配套的体育旅游安全评估系

统和事故上报及发布机制，对疫情、地质灾害、社会问题等国内外有影响力的体育旅游事件进行及时捕捉、收集，上报发布并加以分析，分级警示。

第三，立足我国实际，促进现有体育旅游安全应急预案的不断完善，严格落实专业人员考核上岗制度，对体育设施与旅游服务质量严格要求，定期将相关人员组织起来开展有针对性的模拟训练和协同演习，及时发现问题，科学修订和完善，促进体育旅游安全应急保障能力的提高，使可能发生的体育旅游安全事故及损失得到有效的预防和规避。

（二）体育旅游政策法规体系

体育旅游政策法规对体育旅游保障体系中的预警、控制、施救行为等具有指导与规范作用，同时也有为体育旅游安全管理提供法律依据的作用。它能够从政策法规的权威性和强制性的角度对体育旅游从业人员的行为进行规范和控制，提高体育旅游从业人员提高安全意识和防控意识。

我国现有的体育旅游法律法规还不够完善，体育旅游活动类型多样，而现在只有关于漂流活动的法规，如《漂流旅游安全管理暂行办法》，其他项目的管理办法基本是空白状态。所以，为了保障体育旅游的健康发展，政府部门须制定更多项目的法律法规。

我国应积极参考国外相关体育旅游安全保障法律体系，结合我国实际，对体育旅游安全保障的法律法规进行改进和完善，对于新型体育旅游活动项目要特别注意制定安全的技术标准及严格的审批准入与监测制度。对风险较大的体育旅游活动，由政府部门出台相关法规政策，建立安全保障标准，加强规范引导。例如，对登山探险活动的组织者进行资质认定，建立准入制度；对探险游的组织者实行资质认定和准入制；对极限运动俱乐部、自驾游俱乐部的营业申请、资格认证都进行规范管理，从源头上把关，预防体育旅游活动中的安全事故发生。

发展体育旅游不只牵涉旅游方面的法律法规，还与体育方面的法律法规有关，这就需要旅游部门与体育部门相互协调、相互配合。

（三）体育旅游安全救援体系

体育旅游安全救援是一项社会性工作，情况复杂，涉及面广，且具有多样性，对救援队伍的要求较高，因此，我国应加强政府指导，对多层次的救援队伍进行培养，这方面可借鉴发达国家在体育旅游安全事故紧急救援方面的成功经验。

体育旅游安全救援体系的建设可从以下几方面着手。

1.建立体育旅游安全救援指挥中心

体育旅游安全救援指挥中心隶属于当地应急救援指挥中心，应由旅游和体育行政管理部门牵头，将公安部门、武警部队、消防部门、园林部门、城建部门、文物部门、环保部门、卫生防疫部门、文化部门等相关机构联合起来，促进现有职能组成的拓展。

体育旅游安全救援指挥中心的职责主要体现在开展、统筹、协调整个体育旅游安全救援工作。一旦有紧急问题发生，安全救援网络立即启动，各部门协调配合，控制事态发展。

2.扶持民间救援组织

目前，统一的体育旅游安全事故救援系统在我国还没有建立，多由公安、消防、医疗等部门履行救援任务，救援过程中多人联动参与，参与搜索和救援的有数十人甚至上百人。但这些部门人员的户外运动经验同样不足，不熟悉地形，搜索花费的时间长，甚至有生命危险，因此需借助民间救援组织的力量来完成救援。

现在，北京蓝天救援队、河南户外救援联盟、新疆山友户外运动救援队、辽宁"我行我宿"户外俱乐部救援队等民间救援组织在体育旅游业内有一定的影响力。面对突发事件，这些民间救援组织有自身的优势，具体体现在以下几方面。

（1）不依靠政府来维持正常的运营。

（2）队员分散各地，在需要时迅速集结。

（3）户外运动经验丰富，有较专业的救援技能等。

3.培养专业救援队员和志愿者

这里所说的救援队员和志愿者也包括体育旅游目的地居民。他们在日常生活、工作中，和到当地参加体育旅游活动的旅游者相遇、接触的机会较多。在旅游者遇到危险时，当地居民熟悉环境，能够及时有效地帮助处于突发事故中的体育旅游者。

（四）体育旅游安全保险体系

我国体育旅游人数近年来快速增长，安全事故的发生率也在上升，体育旅游者的保险保障问题已成为影响体育旅游的重大因素。体育旅游者在陌生环境中，可能会遇到自然灾害、意外伤害、突发疾病等，主要通过购买保险转移风险，这种体育旅游运营方式在很多西方发达国家已经比较成熟了。但在体育旅游过程中，不管预防和控制风险的手段有多少，都不可能完全避免风险。保险是在风险事故发生后积极有效地补偿保险人的一种补偿方式，体育旅游前购买保险，能使体育旅游风险有效降低，减少损失。

（五）体育旅游教育体系

体育旅游教育能够对体育旅游者的安全意识进行培养，让体育旅游者对自己所从事的旅游项目的危险性和挑战性形成正确认识，并正确评估自己的体能和技能，避免盲目行动。此外，体育旅游教育可以使体育旅游者树立预防意识，掌握避险、自救的基本知识和技能。

体育旅游教育有专业教育和大众教育两种类型。构建体育旅游教育体系可从这两方面展开。

1.专业教育

在体育旅游专业教育中，可通过高等院校和户外运动俱乐部开设固定课程和定期培训，开展体育旅游专业知识系列培训，促进体育旅游者理论和实践水平的提高，使其旅游安全意识和技能得到加强，并成为体育旅游专业人才。同时，还要注重成立体育旅游人才的短期培训班。

2.大众教育

体育旅游大众教育就是面向自发组织的参加体育旅游的社会人员的教育，这些旅游者的安全意识较差，有必要对其进行体育旅游安全教育。针对这类群体，可以充分利用各种媒体（电视、广播、报纸、网络等），介绍体育旅游安全常规知识，追踪报道发生的体育旅游安全事故问题，增强他们的安全风险意识，培养其理性出游习惯。

此外，也可借鉴发达国家在这方面的先进经验，从青少年教育抓起，联系学校定期为青少年开展公益性安全知识讲座和培训，促进其野外生存能力的提高，使其形成正确的安全观念，掌握较好的技能技术，避免在体育旅游中发生安全事故。

当体育旅游者真正树立了正确的安全理念，在出行前就会做充分准备，在出现事故时也会采用积极有效的方法来应对。

二、有关方面协调建设体育旅游安全保障体系的措施

构建体育旅游安全保障体系，与旅游行政组织、体育旅游行业组织、体育旅游企业、体育旅游者、目的地居民以及相关政府部门等息息相关（图27），需要这些方面共同努力，共同发挥自己的优势与力量来构建安全保障体系，促进体育旅游的健康发展。下面主要从体育旅游企业、体育旅游者及目的地居民三方面来探讨具体措施。

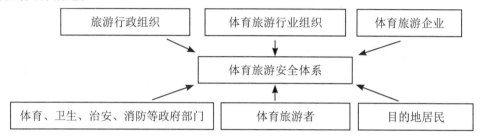

图27　体育旅游安全保障体系

（一）体育旅游企业

作为体育旅游服务的直接提供者，体育旅游企业的经营管理与体育旅游者的安全有直接关系。体育旅游企业应从以下几方面来保障体育旅游者的安全。

1.提高安全意识，遵守安全法律法规

（1）在企业内部设立安全机构，配备安全管理人员，制定安全规章制度，实施安全责任制。

（2）针对重大体育旅游活动制定安全保护预案和急救措施。

（3）定期检查和保养服务设施，及时发现问题，消除安全隐患。

2.在企业内部建立安全预警机制

（1）出游前与旅行社签订全程合同，将旅游安全和卫生等各项防范保险措施落到实处。

（2）警示体育旅游者。旅游者欲报名时，应向他们说明旅游目的地的基本情况。

3.加强对企业员工的安全教育

提高员工的安全意识，加强安全措施培训和高质量服务培训，使其为体育旅游者提供好的服务，并保障其安全。

4.对体育旅游者进行安全教育

使体育旅游者发挥主观能动性来保护自身安全，在出行前和旅途中，找机会对其进行安全教育，提高其安全意识，并将基本的安全自救办法传授给他们。

（二）体育旅游者

1.出行前做好安全预防工作

体育旅游者在出行前要对天气情况、旅游目的地地质情况、治安情况等进行了解，清楚是否会发生泥石流、山洪、滑坡等灾害，并携带必要的设备和物品。

2.具备必要的自救知识与技术

体育旅游者掌握自救知识与技能是维护自身安全的基本保障，否则不应该贸然行动。

3.配合体育旅游企业

体育旅游者在旅游过程中应遵守安全规定，听从导游人员、技术指导人员的指导，不要不听劝阻擅自行动。

（三）旅游目的地居民

旅游目的地居民是当地常住居民，当地居民可以利用自己熟悉本地环境的优势帮助体育旅游者渡过危机。当地政府要大力培养居民的救助意识与能力。

第七章　我国各区域体育旅游可持续发展的实证分析

我国幅员辽阔，不同地区有着不同的风土人情与地缘特点，因此开拓体育旅游市场、开发体育旅游产品要按照不同地区的特点进行。本章为我国各区域体育旅游可持续发展的实证分析，主要包括东北地区、西部地区、环渤海地区以及东南沿海地区。

第一节　我国东北地区体育旅游开发与发展

一、东北地区体育旅游资源概况

东北地区在发展体育旅游上有着得天独厚的区位优势。东北地区的体育旅游资源主要集中在文物古迹、红色主题、生物景观以及气候天象上。

（一）红色主题

红色旅游资源通常指在抗击外敌侵略、为民族解放斗争做出不朽贡献的英雄人物及具有革命教育意义的地点。东北地区具有代表性的红色主题旅游景区包括四平战役纪念馆、黑龙江东北烈士纪念馆、葫芦岛塔山阻击战纪念馆、抗美援朝纪念馆、杨靖宇烈士陵园等。在这些具有历史意义的景区可以组织学生接受爱国主义教育，组织徒步、定向越野等体育旅游活动。

（二）水域风光

东北地区具有丰富的水资源，主要水系包括黑龙江、松花江、嫩江等。黑龙江是我国四大河流之一，是世界第八长的河流，流经蒙古、中国、俄罗斯三国，在我国境内河长3474千米。松花江全长1900多千米，起源于长白山天池，流域面积达到55.72万平方千米。依靠这些河流与水系，可以组织水上打靶、大浪淘沙、电瓶船等体育旅游项目。

目前，东北地区拥有超过1200个大大小小的湖泊，其中以镜泊湖最为著名，它是我国最大的堰塞湖，在这些湖泊中可以开展水上碰碰车、飞鱼艇、水上向前冲、人造海浪等体育旅游项目。

（三）生物景观

东北地区具有格外丰富的森林资源，以大面积的针叶林与针阔叶混合林为主。

东北主要的林区有大兴安岭、小兴安岭、长白山等，这些林区是开展户外生存、定向越野、徒步穿越的好场所。像黑龙江扎龙湿地自然保护区、兴凯湖国家级自然保护区、吉林靖宇国家级自然保护区、七星河国家级自然保护区等地是开展狩猎、野外生存、徒步穿越等体育旅游活动的好场所。此外，东北地区还有广阔的平原，这些平原地区是开设赛马、摔跤、草地曲棍球等活动的好场所。

（四）民俗风情

东北地区流传着这样一句民俗谚语："见怪不怪，东北有三怪，窗户纸糊在外，姑娘叼着个大烟袋，养活孩子吊起来。"这三大怪形成的原因就是中原文化与满族民俗充分融合，逐渐发展形成一种独特风俗。如今只有吉林市满族镇韩屯村保留着这样的民俗。

此外，东北地区能体现出民俗风情的地点如刘老根大舞台、本山快乐营、榕城大剧院、和平大戏院等，这几个地点均具有浓厚的二人转文化特色，能够吸引很多游客前来观看学习。每年的大年初二，城镇乡村都会举办扭秧歌活动来庆祝节日，此外还有民间舞蹈、踩高跷等民俗表演，这些娱乐项目都是群众喜闻乐见的活动，这些风俗一直延续至今。

（五）气候天象

东北是我国纬度最高的地区，因此冬季和夏季都很有特点。冬季雪期最长可达120天，适合开展攀冰、滑雪、溜冰、雪橇、温泉等体育旅游活动。在夏季，适合开展避暑养生系列、潜水等体育旅游项目。

（六）文物古迹

东北地区具有历史价值的文物古迹有：汉魏壁画群、唐代渤海国上京龙泉府遗址、辽代白塔等。此外，大庆铁人纪念馆、长春汽车博物馆等也具有教育意义，大庆铁人纪念馆是我国著名的爱国主义教育基地之一。另外，鸟化石国家地质公园、鸽子洞古人类遗址、查海古人类遗址等具有十足的科学研究价值。这些旅游景点中均可以进行徒步穿越、自驾游、定向越野等体育旅游项目。

（七）地理景观

东北地区地处滨太平洋与古亚洲构造的结合位，构造发展分多阶段，多旋回，具有明显的不平衡感，地壳活动频繁，因此形成如今的地貌形态。东北山地坡度较高，地形复杂，具有雄、奇、险、秀等特点。像五大连池世界地质公园、小兴安岭、官马溶洞等地，适合开展山地寻宝、野营、野炊、登山、山地卡丁车等体育旅游项目。

（八）现代设施

黑龙江亚布力滑雪场和吉林北大湖滑雪场是我国知名的滑雪场，具有完善的场地设施，拥有高科技的造雪系统，开发出多项有特色的雪地旅游项目。很多喜爱冬季项目的体育旅游爱好者会慕名而来，边进行冰雪运动竞技边欣赏北国风光。此外，黑龙江省伊春市致力于打造中国的"冰壶之乡"；辽宁省沈阳市有很多设施先进的高尔夫球场，于2012年成功举办了沈阳"美兰湖"杯全国高尔夫团体赛。东北地区的体育旅游资源以现代设施为依托，体现出发展体育旅游活动的巨大潜力。

二、东北地区体育旅游开发与发展的策略分析

东北地区体育旅游市场开发的总体设想是以冬季冰雪文化和民俗风情文化为主要优势，拉动其他几类体育旅游资源的发展，从而从根本上改变东北地区体育旅游项目单一、思维固定的局面。体育旅游业的发展，还能带动其他产业发展，促进东北的经济文化建设。

（一）挖掘特色旅游项目，发挥优势资源，彰显东北魅力

东北地区有着众多少数民族，因此可以利用好本地的少数民族资源，挖掘、开发少数民族体育旅游项目，打造少数民族风俗、特色旅游项目，从而彰显出东北地区的独特魅力。

东北的冰雪资源以及冰雪文化可谓众人皆知，要重点把握这方面的优势资源，作为发展体育旅游的主阵地。在发展过程中，要加强对冰雪文化的开发及滑雪设施的安全检查，可在冰雪旅游地的外部建设一些民宿，吸引游客住宿的同时还可以发展餐饮业，如经营一些具有东北特色的菜肴等，以体育旅游为突破口，拉动其他产业的发展。

（二）打造国内知名的生态旅游品牌

东北有着得天独厚的地理环境，要大力发展以平原、湿地、森林为代表的东北生态旅游产品，打造东北平原湿地旅游项目，打造辽东山地、大兴安岭、长白山森林生态旅游目的地，扩大小兴安岭、长白山、林海雪原、北国鹤翔、五大连池、辽东山水等地的旅游知名度；围绕地区内的生态旅游目的地和生态旅游品牌，建设一批生态避暑度假旅游名地。

（三）体育旅游与民间旅游项目优势互补，共同发展

东北地区具有很多有发展潜力的民间旅游项目，如满族的民间祭祀、木偶戏、皮影戏，赫哲族的鱼皮制作、桦树皮制作技艺，朝鲜族的农乐舞、秋千，鄂伦春族的古伦木沓节，达斡尔族的鲁日格勒舞，汉族的东北大鼓等，这些民俗传统活动完全可以与体育旅游结合起来，往往会产生意想不到的化学反应。

（四）保障旅游服务质量，加强人才培养

东北地区在人文地理上属于地域性区划，具有相近或相似的文化生活，因此对于东北地区来说，统一服务规范和行业标准，建立科学的旅游质量评估体系和监管体系是非常重要的。为了开展令游客满意的旅游活动，全面提高旅游服务质量，就要在各省、市建立配套的服务质量管理机构。明确机构的职责，做到分门别类，各司其职。

东北地区有着众多高校，要抓住这一优势，进一步培养高素质、高层次的旅游专业人才。首先，加大对旅游专业教育的重视程度，以高校资源为依托，提高

相关从业人员的专业知识和专业水准。其次，在教学上，树立"企业与高校强强联手"的方针，鼓励学校与社会企业合作办学。在人才培养方面，建立旅游实训基地，培养应用型旅游专业人才。在体制上，建立并不断完善相关技能鉴定和资格认证的制度，建立严格的考核和评审制度。最终使东北地区形成统一的培训、考核标准，区域间在信息、制度方面相互沟通、相互促进。

总之，东北地区具有丰富的旅游资源，而体育旅游的发展却相对缓慢。为此，东北地区应该以冰雪资源和民俗风情资源的优势作为突破口，带动其他旅游资源协同发展。此外，还要大力发展夏季避暑养生旅游，从而在全局上推动东北地区的经济振兴。

第二节　我国西部地区体育旅游开发与发展

一、西部地区体育旅游资源概况

（一）自然旅游资源丰富

纵观我国西部地区，体育旅游资源可谓是面积大、种类丰富，且这些体育旅游资源具有一定的垄断性，这种垄断性主要是西部地区的独特地理环境所致。在自然的作用下，西部地区具有千姿百态、雄奇壮丽的自然景观，有着多种多样的地貌，有高原、峡谷、盆地等地形，景观和自然地貌与东部地区完全不同。这种独特的地理环境，特别适合发展高品质的户外运动与休闲旅游。

目前，西部地区广泛开展的体育旅游以户外运动项目为主，主要包括攀岩、野外探险、徒步穿越、冰雪、漂流等，一些户外体育赛事常在这里举行。比如利用西部地区众多的山地举行登山比赛；利用青海湖的自然风光举办环青海湖自行车比赛；利用丝绸之路和大漠戈壁进行汽车、摩托车拉力赛；利用高原气候特征，组织开展高原穿越等。

（二）体育文化旅游资源独特

从历史来看，西部地区长期是众多少数民族的聚居地，虽经历了朝代变迁，但西部地区的少数民族基本上留存着"原汁原味"的民族风情和文化习俗，西部的少数民族在历史进程中创造出的绚丽多彩的民族文化、民族历史以及浓郁的民族风情景观等吸引着越来越多的游客。西部地区的民族体育文化是西部民族传统习俗和民俗风情的重要组成部分，这些具有西域风情的优秀民族文化构成了我国西部地区体育旅游资源体系。

相关调查显示，我国西部地区现存700多项民族传统体育运动项目，这些民族传统体育项目是我国民族传统体育文化的重要组成部分，它们与西部地区群众的生产生活密切相关，是西部少数民族生活的写照和升华。随着我国对民族传统体育文化日益重视，射弩、叼羊、姑娘追、轮子秋、骑骆驼等民族传统体育项目，以及蒙古族的那达慕大会、苗族的龙舟节、侗族的赶歌节等民族节庆活动都得到了很好的传承与发展，这些活动和项目吸引着越来越多的游客，逐渐成为体育旅游项目。

（三）各种旅游资源互补融合

我国西部地区的众多旅游资源具有互补融合的特点，这主要表现在西部地区少数民族群体众多，民族美学价值丰富，民俗风情各具特色，体育风格、自然景物、风土人情等多种多样。西部地区的体育旅游资源与人文旅游资源、自然旅游资源紧密联系，三者之间通过优化组合，发展出三种不同的旅游形式，即"体育旅游资源+人文旅游资源""体育旅游资源+自然旅游资源""体育旅游资源+人文旅游资源+自然旅游资源"。例如，贵州的"围棋+黄果树瀑布"就是"体育旅游资源+自然旅游资源"组合的代表；再如，云南苗区流行爬花杆活动，以滇南一带最为惊险，这个活动形式属于"体育旅游资源+人文旅游资源"的组合形式。此外，苗族在传统节日花山节时举办多种体育活动，其中赛马作为重要的体育项目之一，以滇南和滇东北苗族聚居区为代表，这也是"体育旅游资源+人文旅游资源"的旅游组合形式。

我国西部地区各种旅游资源的互补主要体现在西部地区各民族传统体育活动的种类和节日庆祝活动不同上。有40多个民族生活在西部地区，众多的民族在长期生产、生活中形成了种类丰富、千姿百态的多民族文化，而民族传统节日是体现民族文化的代表之一，那些丰富多彩的民族传统节日，与少数民族群众的生产、生活相结合，给他们的日常生活带来了积极作用与价值，使他们的生活有滋有味，而这些民族传统节日也是西部地区人民民俗的重要标记。例如，佤族的传统民间体育活动摔跤、打鸡棕陀螺、射弩是佤族群众重要的健身、娱乐休闲活动，有着雄厚的群众基础，在每年的新米节、春节和撒谷节之时举行；再如，普米族的传统体育活动赛马、打靶、斗狗、摔跤等，一般也在节日或喜庆祥和的日子里进行。这些体育活动是少数民族节日活动的重要组成部分，在增添节日氛围的同时民族文化也得到传承和发展，如果与体育旅游结合，必然会成为优秀的体育旅游产品。

二、西部地区体育旅游开发与发展的策略

（一）转变思想观念，提高相关认识

一方面，西部地区长期以来经济发展缓慢，体育产业发展滞后，很多决策者对体育运动，尤其是西部地区特色的民族传统体育运动没有足够重视，停留在"体育只是一项民间娱乐活动"的认识水平上，没有意识到体育旅游具有的经济价值和文化价值，没有将体育旅游所具有的创造巨大社会经济效益的潜力激发出来。

另一方面，体育旅游在整个旅游业中具有广阔的发展前景，但这一直得不到相关专家学者的重视，专家学者们对这方面的研究较少，所以政府部门的决策者自然也不会想到发展体育旅游。整体来看，西部地区体育旅游的发展缺少理论和实践指导。

因此，西部地区各级政府部门要积极转变思想观念，充分意识到体育旅游产业的优势与价值，调查本地发展体育旅游产业的有利条件，把体育旅游的发展与西部地区的生态、文化、经济建设结合起来。

（二）加大普查力度，保护相关资源

西部地区文化丰富，自然景观壮丽，民俗风情浓郁。对这些原生态的民族体育文化旅游资源及原始体育旅游自然资源进行普查，更加深入地认识和理解西部地区体育旅游资源优势，这对西部体育旅游的开发与发展具有重要意义。

原国家旅游局发布《中国旅游资源普查规范》中要求西部地区相关部门集中人力、物力、财力，对管辖区内的体育旅游资源进行全力搜集与整理，准确、完整地反映体育旅游资源的原貌，编制体育旅游资源调查报告，编制体育旅游资源名目，充分认识到本地发展体育旅游的比较优势、潜在优势、后续优势、重组优势，同时将保护作为开发的前提和基础，制定出有效的政策、法规、措施，科学地开发和保护。

提高保护意识，切实保护西部地区体育旅游资源，主要包括以下几个方面。

首先，西部地区的体育旅游主管部门应制定出体育旅游自然生态环境保护条例，将体育旅游开发与本地的生态环境保护有效结合起来，促使人与自然和谐相处，在不破坏自然环境的前提下发展体育旅游。

其次，西部地区地方政府应制定有关民族体育文化的保护条例。通过条例建立体育文化保护区、体育文化基地，对具有民族特色的体育运动、体育服饰、体育艺术等文化进行保护。

再次，西部地区的教育部门应建立并完善民族体育文化传承的激励机制，强化当地群众对民族体育文化的挖掘、整理和保护。确立自上而下的民族体育文化保护教育体系，使民族体育进课堂，使各级学校根据不同的职能传承体育文化。

最后，鼓励民间成立民族体育表演团队，宣传展示西部地区民族体育歌舞文化，推进体育产业向市场化发展，使民族体育文化资源实现经济价值；鼓励企业主体积极尝试市场运作，倡导广大群众积极参与，共同举办传统体育节日，弘扬民族传统文化，扩大西部地区民族传统体育文化的影响力和感染力，使西部地区的体育文化得到普及与传承，以此拉动西部地区体育旅游业的发展。

（三）发挥自身区域优势，突出特色

从发展现状来看，西部地区体育旅游业的产业规模、经济效益、资源开发利用程度、产品竞争力等方面与东部相比具有明显的差距，产生差距的主要原因是西部地区体育旅游市场的开发没有发挥出地域优势，没有特色，没有创新。

实践证明，西部地区体育旅游发展上的创新，除了进行跨地区的区域性产品创新外，还要走一条自主开发适宜产品的创新之路。西部地区体育旅游资源的特质决定了体育旅游的开发必须在技术进步方面注重使用适宜的技术，使现代技术与体育旅游资源开发相结合，充分保障西部地区的体育旅游资源是原生态的，在某些旅游产品中与现代科技相结合是很有必要的。例如，纯手工制作的体育运动产品和机器生产的体育运动产品相比，纯粹手工制作的器材往往更受欢迎；再比如，进行登山运动时，可借助现代测量技术选择适宜的登山路线，以免对自然风景区造成破坏。另外，在体育旅游景区的建设、体育旅游信息网络管理上都需要应用现代科技，从而充分发挥出体育旅游产品的竞争优势。

当然，西部地区体育旅游的发展现状中确实存在科技水平不高、参与性不强的问题，但相反的是，那些传统旅游产品，凸显自然力量的自然景观更具魅力和震撼力，也更受游客的喜爱，这也是西部地区体育旅游资源的特色之一，要加以

保护。

总之，应在保留自然景观的基础上，充分应用合适的现代科技手段来进行体育旅游产品开发，提高体育旅游产品的竞争力，通过特质资源加上适宜技术开发体育旅游产品并形成产品特色，促进西部地区体育旅游的发展。

（四）扩大市场发展空间，推动产业化进程

西部地区必须重视开拓体育旅游市场的空间，重点挖掘体育旅游产品的内涵与深度，从而提高体育旅游产品对消费者的吸引力。

长江、黄河皆发源于西部，所以可以认为西部地区是中华民族灿烂文化的起源地。西部地区有着举世瞩目的历史文化古迹，包括秦兵马俑、敦煌莫高窟、布达拉宫、乐山大佛、丽江古城等；具有世界上壮观奇特的自然结构与地貌，包括大漠风光、雪域冰川、黄土高坡，高原牧场等；拥有风情万种的自然风景区，包括青藏高原、青海湖、桂林山水、黄果树瀑布、九寨沟、华山、峨眉山、天山、石林等；还有丰富的民族传统体育运动项目。应充分开发和利用这些体育旅游资源，打造高质量的体育旅游产品，刺激和引导全新的体育旅游需求，以扩大体育旅游市场空间，推动体育旅游产业化进程。

（五）将体育旅游项目与整个旅游业融合起来

强化体育旅游项目与旅游业整体的关联度是推动体育旅游发展的有效途径和重要手段之一。具体来说，应该做到以下几点。

首先，将西部体育旅游的项目配置、景区经营置于各省（区、市）的旅游环线及要素方案规划之中，纳入西部各省区旅游规划的整体布局之中。在具体实施中，规范体育旅游项目建设，科学进行体育旅游活动选址，认真分析旅游活动线路的可行性，及时发布各景区体育旅游项目活动的相关信息，促成西部各省（区、市）体育旅游整体发展。

其次，重视体育旅游景区的综合开发和建设，提高体育旅游产品的利用率。西部地区具有多种文化资源，应注意各项资源的共生性，重视体育旅游的经济效益、社会效益、文化效益和生态效益的综合发展。同时，建立并完善各个景区体育旅游活动的配置建设，充实景区旅游项目的构架与内容，使景区形成资源共享的格局，充分发挥不同景区的市场聚合力。

最后，整体上进行宏观调控，避免各部分过于独立，建立规范的体育旅游市场统计标准，规划体育旅游专业化配套目标检查，促进西部各省（区、市）体育

旅游市场目标定位和设计的一致性。

（六）加强基础设施建设，完善配套服务

旅游业重点强调游客在活动过程中的身心与情感体验，因此，体育旅游可以被看作一种特殊产品，完善体育旅游项目基础设施建设对于提高消费者的旅游体验、促进本地体育旅游的认知度和竞争力具有十分重要的意义。

一方面，可利用现代化体育竞赛设施和民族传统体育运动设施，承办各类体育竞赛以及体育活动，以吸引广大游客前来。此外，应做好配套服务，完善住宿、交通、餐饮、购物等方面的设施，加强体育旅游的专项基础设施配备。

另一方面，充分重视广大游客的需求，使广大游客在参与体育旅游的过程中不仅愉悦身心，还能强身健体，并获得积极的体验。因此，需重视并加强复合型体育旅游人才的建设和培养，重视对游客进行体育健身方法以及运动处方的传授。

（七）树立品牌意识，拉动体育旅游产业升级

我国西部地区虽然聚集着大量体育资源，但品牌化程度并不高，处于起步阶段。体育旅游市场总体属于买方市场，广大消费者的消费意识逐渐加强，品位越来越高，因此，必须建立体育旅游品牌意识，提高体育旅游产品的综合效益，全面推动体育旅游产业升级。

在传统旅游市场中，由于信息发布不及时和信息滞后，使广大游客很难直观了解到有关体育旅游景区的各种信息，这不仅影响了游客的选择，更给游客带来了不必要的损失。传统的信息传播方式已经满足不了游客日益提升的旅游需求了，以互联网和电子商务为载体的网络营销应运而生，各种旅游网站成为新兴的体育旅游营销手段。

对于西部地区来讲，树立品牌与建立网络相互结合是体育旅游产业升级的重要对策，其具体有以下内涵。

首先，将本地体育旅游产品特色、服务优势、文化底蕴、企业形象等信息全面传播到互联网上，这对吸引消费者主动参与具有积极意义，可以起到扩展潜在市场空间的作用。

其次，通过网络塑造产品品牌和企业品牌，这样可以拉近与市场的距离，进一步获得市场的认同，加强西部地区体育旅游的实力。

再次，借助互联网重新定位市场目标，这有助于引导市场消费需求，增强竞

争力。进入互联网时代后，体育旅游有着更广阔、更具选择性的市场，因此，对市场重新细分和重新定位就显得尤为关键，西部地区要针对变化后的市场状况积极调整市场定位。

最后，借助互联网运用电子商务来推动体育旅游产品的品牌推广。利用电子商务平台，可实现营销结算及支付的自动化，提高企业的工作效率和竞争力。

（八）实施本地居民参与机制，加大政府的宏观调控作用

体育旅游的发展也会对本地经济、社会、文化以及生态等因素的发展产生影响，因此，在体育旅游业的发展过程中，在考虑经济效益的基础上，还要考虑环境影响和人文因素。在体育旅游发展目标的制定上，不仅要考虑游客的需求和利益，还要结合本地群众的切身需求和利益，促使西部地区体育旅游和谐稳定发展。

首先，体育旅游发展行动方案的执行需要得到各界群众及社会团体的认同、支持与参与。如果得不到广大人民群众的广泛参与，体育旅游的发展目标就难以顺利实现。在开发过程中要充分考虑生态环境的保护和当地居民的利益，否则将不利于西部地区体育旅游的长远发展。在进行体育旅游规划时，要充分聆听当地群众的意见，使他们得到充分的参与权。

其次，体育旅游的发展不能仅靠市场调控，还需要政府制定相关法律、法规、政策进行引导。一方面，有些体育旅游经营者为创造更多的经济效益，会采取各种手段进行竞争，在这个过程中很容易忽略环境污染和生态破坏所造成的成本，只重视经济效益的短期利益，忽视体育旅游可持续发展的长期利益；另一方面，有些游客为以最小的支出换取最大的消费，没有意识到环境保护的重要性，也在不同程度上造成体育旅游环境的污染和生态的破坏。因此，在体育旅游开发中，政府必须站出来发挥相关职能和作用，调和体育旅游经营者、游客以及本地群众三者之间的关系和矛盾，实现西部地区社会、经济、生态、文化等的可持续发展。

第三节 我国环渤海地区体育旅游开发与发展

一、环渤海地区体育旅游资源概况

总体来看，环渤海地区体育旅游资源的开发具有多方面的优势，主要体现在历史文化、旅游资源、交通运输以及客源资源这几个方面，下面分别进行阐述与分析。

（一）历史文化

我国的环渤海地区有着灿烂而悠久的历史文化，同时具有非常深厚的人文底蕴与独特的民俗习惯，这是发展环渤海地区体育旅游的优势所在。

1.悠久的历史

环渤海地区中，最有代表性的省份是山东省。山东素有"齐鲁之邦"之称，是中华文明的重要发祥地之一，早在四五十万年前，这里就有人类进行生存与繁衍。根据相关专家证实，山东是汉唐时期丝绸贸易的主要供货地，是古代丝绸之路的源头。山东在古代具有非常重要的历史地位，该地区的经济、文化等方面的发展对我国具有深远影响。

2.丰富的文化

中国是"礼仪之邦"，而山东是体现我国礼仪文化的代表，自古就有"孔孟之乡"的美誉。山东地区是孔子、孟子等圣人的故乡，自古以来就具有深厚的文化传统。

山东的日常饮食与时节风俗也体现出深厚的文化底蕴。鲁菜作为我国北方的著名菜系，是中国饮食文化的重要组成部分。

山东还是中华民族群构时期的策源地之一，有史前的仰韶文化、龙山文化的深厚积淀，这些丰富的历史都显示出山东地区深厚的文化底蕴。

3.独特的民俗

环渤海地区具有丰富多彩的民俗风情。以山东省为例，胶州地区有着奔放粗犷的秧歌，胶东地区有着传统的祭海出渔仪式，鲁中地区有巧夺天工的潍坊风筝，每年举办的风筝节吸引着中外游客。

近年来，环渤海地区开展的多项民俗旅游活动吸引了众多目光，受到了广大游客的欢迎。其中，节庆民俗旅游是环渤海地区体育旅游的主题，不仅活动丰富多彩，而且取得了非常好的效益。

（二）旅游资源

环渤海地区有着丰富的旅游资源，光是山东省就有近千处旅游景点，其中还有世界级的遗产，分别为泰山名胜区与孔子故里曲阜"三孔"（孔府、孔庙、孔林）旅游区。

环渤海地区所具有的丰富旅游资源可以给广大游客带来非常优质的体验。在环渤海地区分布着众多独具特色的城市，大连、秦皇岛、青岛等海滨城市的海，济南的三大名胜，泰安的泰山等，都令广大游客流连忘返。走进曲阜，可以感受到"文圣"孔子的博大精深；到了大连，可以体验"北方明珠"的舒适；来到秦皇岛，可以体验大浪淘沙的历史沧桑；来到潍坊，五颜六色的风筝会让游客惊叹不已。

总体来看，丰富的旅游资源为环渤海地区发展体育旅游奠定了坚实的物质基础。

（三）交通运输

环渤海地区皆为沿海省市，其中山东省是该地区较为重要的省份。山东省位于东部沿海地区，地处黄河下游、京杭大运河的中北段。山东半岛位于渤海与黄海之间，东部与朝鲜半岛、日本隔海相望，北面与辽东半岛相对，西边与河北省相接，西南与河南省交界，南部与安徽省、江苏省相邻，可以说战略地位十分重要，是我国北方的咽喉部位。作为黄河经济带与环渤海经济区的汇合点，特殊的地理位置使山东省成为华北地区与华东地区的接合部，成为我国东部沿海地区最大的开放区域之一，在全国经济发展中具有重要地位。此外，山东省位于中日韩"旅游金三角"的核心，距离韩国和日本都很近，同时又位于长江三角洲与环渤海地区两大客源地的中间位置，这种双重的市场结构使山东省在高端度假与文化体验方面具有巨大的市场需求。

（四）客源资源

从国内市场来看，环渤海地区集结着大量海滨城市，具有非常稳定的客流市场。青岛、秦皇岛、大连等城市一直以来是我国热门的旅游城市，而且在国际交往中（如"一带一路"倡议等）获取了众多资源，有着巨大的客源市场。对于环渤海地区来说，巨大的客源市场为体育旅游市场的发展提供了非常有利的保证。

二、环渤海地区体育旅游开发与发展的策略

（一）合理进行规划，综合协调发展

环渤海地区在发展体育旅游、开发利用环渤海体育旅游资源的过程中，应充分考虑到各个省（区、市）的经济、社会、人口、技术、环境等资源的现状，进行统筹考虑，注意把握自然生态环境和社会环境对体育旅游发展的承受能力，防止因短期利益而盲目、过度开发造成生态平衡破坏和环境污染。

环渤海地区在体育旅游资源开发、设施建设、生态环境保护和社会环境维持的决策中，应充分调动各级政府、相关部门、社会各界和本地居民的积极性，通过合理的渠道，妥善处理体育旅游业与本地经济、社会、文化等方面的关系，厘清近期与长远的关系，保护与开发利用的关系，游客与本地居民、投资者、经营者之间的关系。

通过科学论证，打造环渤海体育旅游带，营造人工设施与自然环境的和谐统一，采取法律、经济和行政等手段，消除自然、人为因素对旅游资源造成的破坏和环境污染，确保环渤海地区体育旅游资源的可持续利用以及体育旅游与生态环境之间的协调发展。各省（区、市）政府应将制订环渤海体育旅游带可持续发展规划纳入本省（区、市）经济社会的总体发展规划之中，合理规划，科学决策，使其与社会、环境等方面协调发展。

（二）开发与保护并重，优化利用相关资源

在环渤海体育旅游带的开发过程中，应根据环渤海体育旅游资源的特色和各个省份的自然与社会环境，科学合理地选择开发模式。对不能再生的、有限的体育旅游资源进行有效控制和利用；对于可以再生的、无限的体育旅游资源进行充分利用；对环境敏感区、生态脆弱区和珍稀的自然、人文景观进行有效保护；采取相关政策和措施，加强环境污染的防治和保护，必要时可实行封闭式管理，使那些名胜古迹得到完整的保护。通过对环渤海体育旅游带的合理开发、优化利

用，使环渤海地区体育旅游资源实现良性运行。[1]

（三）通过法律和经济手段，公平分配旅游收益

要想使环渤海体育旅游带实现可持续发展，首先要建立法规制度，使本地居民充分地被动员起来，以实际行动参与到保护旅游资源、自然及社会环境之中，在体育旅游发展建设中献言献策，从而为环渤海地区旅游资源的开发、建设、管理和服务提供必要的帮助。其次，充分利用市场机制，在不影响本地居民日常生活和不破坏本地生态环境的前提下，面向市场，以高质量的旅游产品与服务吸引游客，从而增加旅游收益，为实施保护积累资金。

各省（区、市）在体育旅游产品的开发过程中应保证将一定比例的旅游收入用于自然环境的保护和社会环境的维护。对自然生态保护区应划分出实验区进行适度开放，以确保保护与开发的良性运行。要努力实现旅游收益的公平分配，必要时可采取法制和经济手段来协调各方利益，调动各方面参与建设的积极性。

第四节　我国东南沿海地区体育旅游开发与发展

我国东南沿海地区包含众多省（区、市），根据地理特征，主要将其分为长江三角洲区域（以下简称"长三角区域"）和泛珠江三角洲区域（以下简称"珠三角区域"），下面分别进行探讨。

一、长三角区域体育旅游开发与发展

（一）长三角区域旅游资源概况

长江三角洲有着丰富的体育旅游资源。相关调查结果显示，长三角区域一共有12座国家历史文化名城、34座中国优秀旅游城市、210个全国重点文物保护单位、115个全国农业旅游示范点，58个全国工业旅游示范点、9个国家5A级旅游区、157个国家4A级旅游区、14个国家级风景名胜区、31个国家级森林公园、5个国家级自然保护区（数据截止到2009年）。

---

[1] 闫立亮，李琳琳.环渤海体育旅游带的构建与大型体育赛事互动的研究[M]. 济南：山东人民出版社，2010.

（二）长三角区域旅游资源基本特征

长三角区域内体育旅游资源丰富，其最主要的特征表现在综合性上。本区域内的旅游资源中，既有自然景观也有人文景观，既有传统文化也有现代文明。自然与人文、古老与新兴的交融与碰撞，形成了深层次、多功能、高水平、高效益的现代化旅游城市群。总体来看，长三角区域的旅游资源发展为四大文化系列，即城市文化、水文化、吴越文化和创意文化。

1.城市文化

长三角区域包含不同类型的城市，如国际都市上海、六朝古都南京、时尚水都宁波、爱情之都杭州、园林城市苏州、江南水乡绍兴等。长三角区域的各种自然资源、经济资源与社会文化资源相互融合，形成了特色鲜明的长三角文化。此外，长三角区域还有世界文化和非物质遗产等。

2.水文化

素有"鱼米之乡"的江南地区自然离不开水。长三角区域丰富的水资源将城市群中的各个城市联系起来，取长补短，共同发展，打造出富有特色的水文化。

3.吴越文化

长三角区域是中华文明的重要发源地之一，在长期的历史发展中逐渐形成了内涵丰富、特色鲜明的吴越文化。吴越文化通过历史遗迹、民俗曲艺、美食佳肴等形式表现出来，深深吸引着中外游客，而吴越文化完全可以作为开发体育旅游项目的招牌。

4.创意文化

长三角区域强调个性，推崇创新，注重文化艺术对经济的支持与推动作用。于是在长三角区域的发展过程中，各种新兴理念、思潮相互交汇于此，形成了独具特色的创意文化，而本地的旅游业也受到创意文化的推动而获得了快速的发展。

（三）长三角区域体育旅游资源开发的路径选择

1.加强对体育旅游资源的联合开发

从开发体育旅游资源的角度来看，联合开发相比独立开发能够节省生产成本，产生更大的规模效益，这是联合开发的优点。在体育旅游资源开发上，联合开发可以产生"旅游资源共享、旅游位势叠加"的综合效应，通过联合开发方式，既能提高区域体育旅游资源的综合区位，促使不同体育旅游资源协调发展，又使得区域体育旅游产品不断丰富，提高区域体育旅游资源的综合吸引力，从而提升长三角区域体育旅游产业的综合竞争力。

通过对长三角区域的地理位置及旅游资源分布和特征进行研究可知，长三角区域的各个省（区、市）具有地理相近、文化类似、经济相融、资源互补的特征，具有体育旅游资源联合开发的独特优势与条件。因此，如果长三角区域内各个旅游城市积极合作，目标一致，进行区域内体育旅游资源的联合开发，势必推动长三角地区体育旅游业的快速发展。

2.建立和形成体育旅游资源联合开发的体制与机制

确保长三角区域体育旅游联合开发的实施，需要有联合开发的体制与机制作为保障。在长三角城市体育旅游一体化发展的指导思想下，各城市可在结合自身实际情况的基础上，商讨建立长三角城市旅游资源联合开发委员会，比如长三角环太湖旅游带旅游资源联合开发区域委员会、长三角京杭大运河旅游带旅游资源联合开发区域委员会等。

另外，也可尝试建立实体性的经济组织，实现城市旅游资源联合开发。比如可以建立长三角城市旅游资源联合开发总公司、长三角旅游圈、长三角资源联合开发总公司等。

此外，还可成立长江三角洲世界遗产联合申报委员会，对区域内的所有世界遗产的开发问题进行磋商，同时也可成立长江三角洲旅游资源联合开发基金，设立专项基金会来募集、管理与使用基金，将其投入于长三角区域的体育旅游产品开发。

3.构建长三角体育旅游带

总体来看，长三角区域旅游资源的空间分布呈现出旅游圈状与带状的空间结构。从长远来看，长三角各城市旅游资源应形成"1核、5极、5圈和7带"。

1核：上海。

5极：杭州、南京、苏州、无锡、宁波。

5圈：上海核心旅游圈，包括上海、苏州、嘉兴、南通等；南京旅游圈，包括南京、镇江、扬州、泰州等；杭州旅游圈，包括湖州、绍兴、杭州等；环太湖旅游圈，包括苏州、无锡、常州、湖州、嘉兴等；宁波旅游圈，包括宁波、绍兴、舟山等。

7带：沿江旅游带、沪杭旅游带、沪宁旅游带、杭甬旅游带、沿运河旅游带、环太湖旅游带、沿海旅游带。

通过旅游圈和旅游带的构建，以体育旅游资源联合开发为枢纽，对体育旅游设施进行合理安排，共同开发体育旅游产品，共树区域体育旅游形象，以此来推进长三角区域的体育旅游发展。

4.规划和设计长三角区域体育旅游线路

体育旅游资源的联合开发不仅可以推动体育旅游产品多渠道的联合开发，还能加快区域体育旅游一体化的建设。因此，长三角区域内的各旅游城市要进行体育旅游资源的联合开发，以此为发展契机，构建多项旅游路线，利用区域内的所有资源开发体育旅游产品，展开体育旅游活动。对体育旅游线路的规划与开发，以及相关旅游品牌的打造，无疑将加快推动长三角区域体育旅游产业的快速发展。

5.开展多种形式的体育旅游资源联合开发活动

长三角区域内，进行体育旅游资源的联合开发主要有以下几种形式。

（1）京杭大运河、沿长江、沿海、沿湖、沿公路线或客运专线等旅游资源空间分布呈规律分布类型合作区。

（2）长三角区域依托水乡古镇、园林、名人、古城、美食、博物馆、山水、吴越文化等文化和海岛、沿海、沿江、环湖等具有相似性旅游资源的地区联合开发旅游资源相似性类型合作区。

（3）长三角上海旅游圈、杭州旅游圈、南京旅游圈、宁波旅游圈等由中心旅游城市的强吸引力、中心职能高强度的带动作用而引致的区域旅游资源联合开发属于旅游资源引力区类型合作区。

二、泛珠三角区域体育旅游开发与发展

（一）泛珠三角区域旅游资源概况

泛珠三角区域的代表文化是闽台文化和岭南文化，区域内具有丰富多样的自然景观（表23）。

表23　泛珠三角区域旅游资源分布情况

地区	国家级风景名胜区	国家森林公园	国家级自然保护区	国家地质公园	全国重点文物保护单位	历史文化名城	历史文化名镇	历史文化名村
福建	13个	23个	12个	8个	85个	4个	2个	6个
广东	7个	22个	11个	7个	66个	6个	5个	8个
广西	3个	20个	15个	5个	42个	2个	3个	2个
海南	1个	8个	9个	1个	14个	2个	1个	0个
泛珠三角合计	24个	73个	47个	21个	207个	14个	11个	16个
沿海总计	70个	228个	96个	49个	897个	44个	36个	31个
比例	34.3%	32.0%	49.0%	42.9%	23.1%	31.8%	30.6%	51.6%

数据来自：像国家旅游局官方网站。

泛珠三角区域中，不同城市的体育旅游资源有着非常明显的区别。福建省有鼓浪屿、武夷山、湄洲岛等知名景点，以及名刹古寺、古田会议会址、永定土楼等优秀的文化遗址和人文旅游资源。广东省内具有四大名山和四大名园等自然景观，以潮汕美食、客家风味菜、粤菜为代表的著名饮食文化，以深圳为代表的华侨文化及现代城市文化，吸引着众多中外游客前来参观。广西壮族自治区内有着众多少数民族，包括壮族、瑶族、苗族、仫佬族、侗族等，以深厚的民族文化著称。海南省具有得天独厚的地理位置，气候宜人，四季常青，风光旖旎，名胜古迹众多，吸引着全国各地人民前来观光和生活。

（二）泛珠三角区域体育旅游开发的策略

1.制定滨海保护区生态旅游发展战略

（1）建立保护区内旅游发展的目标与模式。在泛珠三角区域，保护生态旅游的发展战略要求区域内建立生态旅游发展的目标和模式，采取相应的发展措施。在泛珠三角区域的体育旅游发展战略规划的布局，应充分考虑保护区域内的体育资源优势和特色，合理规划，统筹布局，将自然美与人工美、游览与教育、保护与开发、生态与环境合为一体。在开发体育旅游资源的过程中，要坚持保护与开发相结合的原则，对区域内的体育旅游生态环境的容量和承载力进行评估，开发有吸引力的体育旅游项目和旅游线路，促进泛珠三角区域体育旅游资源的可持续利用。

（2）制订科学的生态旅游规划。为使泛珠三角区域内的体育旅游资源得到科学合理的保护，必须制订适合泛珠三角地区发展的生态旅游发展规划，这一点至关重要。泛珠三角区域体育旅游发展规划的科学制订要以自然生态伦理理论、生态经济学理论为指导，在对区域内生态旅游资源合理利用的基础上，遵循生态系统发展的基本规律，对区域内体育旅游资源的结构、功能、规模等进行统筹规划，做到既不破坏区域内的生态平衡，又能促进体育旅游资源的合理开发与发展。

2.合理设计滨海保护区功能分区

泛珠三角区域的城市多为滨海保护区，滨海保护区的体育旅游资源开发必须在功能分区限定的范围内进行，功能分区能使土地利用与控制有机结合，既能分流游客又能保护资源，可谓一举两得。因此，对保护区的功能分区进行科学合理的设计是很有必要的。功能分区，不仅可以使生态环境和保护区的核心保护对象避免遭受破坏，同时还能保护泛珠三角区域内的生物物种多样性和原生性。在保护区的功能分区设计上，要识别出不同区域的旅游价值和资源特色，定位不同区域保护计划、设施情况等。通过科学手段合理设计出的功能分区不仅能有效保护保护区的生态资源，还能提高对游客的吸引力，实现共赢。

3.合理进行旅游开发定位和形象策划

要想实现泛珠三角区域体育旅游的可持续发展，就必须开发出新的体育旅游产品，仔细分析市场需求，找准旅游产品的市场定位，突出主打体育旅游产品的特色，以增强其对游客的吸引力。

另外，体育旅游产品的开发要以本地的体育旅游总体开发规划为指导，并将本地的总体发展目标考虑在内，与本地的总体发展步调一致。开发体育旅游新产品时要引入保护区内的形象策划体系，提升泛珠三角区域旅游资源的知名度，不断提高服务水平，建立和形成泛珠三角区域体育旅游品牌。

第八章 北京—张家口冬奥会契机下我国冰雪体育旅游的可持续发展研究

北京携手张家口联合举办2022年冬奥会，为我国冰雪体育旅游的可持续发展带来了巨大的发展契机，所以一定要牢牢抓住这个发展机会。为此，本章基于这个大背景对国内外冰雪体育旅游发展概况、冰雪体育旅游的策划与设计、冰雪体育旅游的可持续发展策略、我国冰雪体育旅游发展的实证分析、"京张"体育旅游产业的发展进行深入研究，力求进一步夯实我国冰雪体育旅游可持续发展的理论基础，为我国冰雪体育旅游可持续发展提供切实可行的理论指导，从根本上加快我国冰雪体育旅游的发展速度，为2022年北京—张家口冬季奥运会更加顺利地举办尽绵薄之力。

第一节　国内外冰雪体育旅游发展概况

一、国外冰雪体育旅游的总体发展情况

全球冰雪体育旅游的发展水平与全球整体旅游业的发展水平较为一致，其主要集中于三大领域，即欧洲、北美、东亚（表24）。另外，非洲北部、南非以及南美洲安第斯山脉的自然条件比较优越，因此也有零星的滑雪场。

表24 世界主要冰雪体育旅游目的地

国家	发展历史	旅游特色
加拿大	1894年开始报道冬季节庆活动	全球最佳的滑雪乐园；一年四季的滑雪度假胜地
瑞士	阿尔卑斯山地区早在1864年就开展了滑雪运动	阿尔卑斯山滑雪天堂；欧洲乡村型度假村镇
挪威、瑞典、芬兰	世界滑雪故乡，世界滑雪比赛的诞生地	冰旅馆、北极圈风光、湖泊之城、圣诞老人故乡
日本	1911年引进现代滑雪技术	冰雪博物馆、冰雪温泉度假旅游
韩国	滑雪场始建于1975年	室外温泉旅游、冰雪博物馆、冰雪旅游与高尔夫

（一）欧美地区冰雪体育旅游的发展情况

欧美地区冰雪体育旅游已经经历了上百年的发展历程，在发展过程中逐步形成了很多知名度较高的冰雪体育旅游胜地。这些冰雪体育旅游胜地自然环境优美、民族文化绚丽多姿、自然资源丰富，先后举办过很多在世界范围内拥有巨大影响力的冰雪体育赛事，同时已经发展成为在世界范围内拥有巨大知名度的冰雪体育用品销售中心。发展至今，欧美地区已经顺利构建出了庞大的冰雪体育旅游产业体系，并且完善程度很高。在诸多有利因素的共同作用下，欧美冰雪体育旅游在世界冰雪体育旅游市场中所占的地位越来越重要。

（二）亚洲地区冰雪体育旅游的发展情况

纵观世界范围内的冰雪体育旅游市场可以发现，亚洲的日本、韩国等作为一股新生力量受到了世界各国的注视。这些地区呈现出的显著优势就是自然条件优越以及客源市场广阔，在当前先进旅游开发理念的指导下，这些地区相继将精力投入高水准度假旅游项目的开发工作中，同时集中各类资源大力推进现代化冰雪体育旅游的发展。就当前来说，中国、韩国、日本在发展冰雪体育旅游业的过程中，逐步形成了具有显著独特性的市场格局，具体来说就是客源互通且竞争激烈。就我国来说，辽宁、吉林和黑龙江是我国冰雪体育旅游的集中区域，其中黑龙江省的地理位置和气候条件最优越，旅游资源最丰富多样，冰雪体育旅游的开展时间最长，冰雪体育旅游的发展规模最大。

位于南半球的澳大利亚（世界十大冰雪旅游胜地之一）和新西兰，地域优势比较独特，在北半球进入夏季时，旅游者可以在这两个国家体验季节差异明显的冰雪体育旅游。

二、我国冰雪体育旅游的发展情况

（一）我国冰雪体育旅游的场地设施现状

和其他体育旅游相比，冰雪体育旅游的特殊之处是其需要独特的媒介资源——冰雪，所以其季节性特征尤为显著。我国包括东北地区和华北地区在内的多个地区都有相对漫长的冬季，同时冰雪资源也尤为丰富，这为这些地区发展冰雪体育旅游奠定了良好的基础条件。据不完全统计，当前建设冰雪旅游资源的省级行政区有数十个，室内和室外冰雪旅游场地已有200多处。

（二）我国冰雪体育旅游的游客与收入现状

我国冰雪体育旅游发展空间较大，每年参加冰雪体育旅游的人数都在增加，而且这方面的收入也在不断增长。以黑龙江省为例，该省在春节期间接待的国内旅游者和国外旅游者的总人数已经达到数百万，冰雪体育旅游的总收入也十分可观。

（三）我国冰雪体育旅游的品牌建设现状

截至当前，我国一些地区已经对冰雪体育旅游的品牌进行了创设，如长春净月潭冰雪旅游节、哈尔滨国际冰雪节等，这些品牌对很多游客都产生了巨大的吸引力，也有效带动了当地的经济发展，还对广大群众维持身心健康有显著作用。

（四）我国冰雪体育旅游的研究现状

有关学者认为，作为受广大游客普遍欢迎的新型活动，冰雪体育运动具有健身、休闲、娱乐和度假等多种功能，因此发展冰雪体育旅游产业，不仅能够娱乐大众，而且能够使游客在获得愉悦的同时增强体质，促进游客生活水平和质量的提高。

有关人员详细划分了冰雪体育旅游资源，并指出除自然资源外，人文旅游资源、地域民族文化旅游资源、节庆旅游资源以及关于冰雪赛事的旅游资源等都是重要的冰雪体育旅游资源。

还有一些学者在更高的层次上研究冰雪体育旅游，认为冰雪文化体现了人类一种真实的生存方式，它不仅具有突出的地域特性，也对地域内人们的精神品质进行了塑造。它蕴含的精神价值极高，文化内涵也很丰富，发展冰雪文化有利于对冰雪生态环境的保护，有利于城市物质文化与精神文化生活水平的提高，且有助于人的全面发展。

从整体来说，我国许多地区都在相继提升开发冰雪体育旅游资源的力度，同时汇集各个方面的资源来发展冰雪体育旅游事业，当前冰雪体育旅游已经发展成我国崭新的经济增长点。

第二节　冰雪体育旅游的策划与设计

一、冰雪体育旅游策划的概念

针对冰雪旅游资源进行冰雪旅游产品策划，从而使冰雪旅游发展目标得以实现的活动，即冰雪旅游策划。通常情况下，将冰雪旅游策划的概念界定为，以冰雪旅游市场分析和需求分析为基础，通过对冰雪旅游资源的整合来实现资源、环境、交通与市场的优化组合，从而促进旅游产业发展目标顺利实现的系统的创造性过程。

二、冰雪体育旅游策划与设计的内容

冰雪体育旅游策划与设计的内容有冰雪体育旅游项目、冰雪体育旅游地形象、冰雪体育旅游商品、冰雪体育旅游线路、冰雪体育旅游营销、冰雪体育旅游节庆等。

三、冰雪体育旅游策划与设计的基本要求

（一）以冰雪旅游资源为基础

冰雪旅游资源是指具备一定的旅游功能和价值，同时能够对旅游者产生吸引

力的冰雪资源。通常冰雪资源由冰雪自然资源以及冰雪人文资源两个部分组成。因为冰雪体育旅游事业得以发展的基本物质条件是冰雪体育旅游资源，所以策划与设计冰雪体育旅游资源时同样应把冰雪体育旅游资源当成基础和前提，最大限度地彰显出体育旅游资源的优势以及特色。此外，开展冰雪体育旅游资源的策划与设计活动前，一定要对冰雪体育旅游资源进行全面调查和客观评价。

具体来说，调查冰雪体育旅游资源时应对冰雪体育旅游资源本身、冰雪体育旅游资源所处环境、冰雪体育旅游资源所在地的客源条件及周边资源对目的地产生的影响等进行调查；评价冰雪体育旅游资源的目的是充分开发和利用冰雪体育旅游资源，西方学者把针对旅游资源开展的评价称为吸引力评价，比较常见的评价对象有资源容量、资源密度、资源价值和功能、资源特色、资源性质、资源所在地的综合情况。

由于旅游学是一门涉及多方面学科的交叉学科，所以研究冰雪体育旅游资源的过程中不可避免地会应用到多个学科的知识，因而很多人认为调查与评价冰雪体育旅游资源是专业性特征和系统性特征都尤为显著的过程，此外自然、人文学科的多个方面都涉及其中。由此能够得出，针对冰雪体育旅游资源展开科学的基础分析是策划与设计冰雪体育旅游的基础性条件。

（二）策划与设计要有市场基础

围绕冰雪体育旅游开展的策划与设计应当和绝大多数游客的心理需求相吻合，要充分彰显出趣味性特征和参与性特征，为广大游客成为参与者提供便利，此外要保证广大游客能够从中获得乐趣。

深层次研究冰雪体育旅游市场可以对冰雪体育旅游策划与设计产生决定性影响。冰雪体育旅游市场是冰雪体育旅游供给市场和需求市场的总和，国家与冰雪体育旅游经营者之间、冰雪体育旅游经营者与消费者之间、冰雪体育旅游经营者之间的错综复杂的经济关系能够在冰雪体育旅游市场中得到一定的反映。

（三）注重策划冰雪体育旅游产品体系

冰雪体育旅游策划的主体是冰雪体育旅游产品体系的策划。冰雪体育旅游经营者通过对冰雪体育旅游资源的开发与利用，提供给旅游者的相关旅游吸引物与服务都属于冰雪体育旅游产品。

冰雪体育旅游产品不同于冰雪体育旅游资源，冰雪体育旅游资源比较抽象，而冰雪体育旅游产品更为具体，并非所有的冰雪体育旅游资源都可以转化为冰雪体育旅游产品。有些冰雪体育旅游资源虽然有较大的价值，但将它开发为冰雪体育旅游产品后，其未必就能够得到市场的广泛与高度认可。因此，进行冰雪体育旅游策划，就是要实现从冰雪体育旅游资源的科学价值向冰雪体育旅游产品的市场价值的转变，从而将更好的冰雪体育旅游产品展现出来，吸引游客，使游客感受冰雪体育旅游资源的魅力。

四、冰雪体育旅游策划与设计的原则

（一）资源导向与市场导向相结合原则

冰雪体育旅游作为一种旅游形式具有显著的独特性特征，同时严重依赖冰雪体育资源。通常情况下，资源分布的地域性对冰雪体育旅游策划的资源导向有决定性作用，所以冰雪体育旅游策划与设计过程要始终遵循资源导向原则。但需要注意的是，如果只是单方面依赖冰雪体育旅游资源的导向作用，并不能保证预期的策划目标顺利达成，所以就必须严格遵循市场导向原则。作为冰雪体育旅游的策划与设计者，不仅要把冰雪体育旅游市场的需求内容和变化规律界定为理论依据，还要对冰雪体育旅游资源的开发主题、开发规模以及开发层次形成清晰、准确的认识，积极开发适销对路的冰雪旅游产品。除此之外，在冰雪体育旅游持续发展和相关科技持续进步的大背景下，多种类型的旅游项目相继出现在广大群众的视野中，以市场供给拉动需求的客观规律更要求在坚持资源导向与市场导向相结合原则的基础上科学完成冰雪体育旅游的策划与设计工作。

（二）独特性原则

在地域分布规律的长期影响下，我国各个地区的冰雪体育旅游资源呈现出了各自的特色，各地区之间的差异性尤为显著。举例来说，我国东北地区因地理位置优越，对世界级的滑雪场进行了开发，全世界滑雪爱好者都慕名而来。黑龙江省具有丰富的自然旅游资源，因而创立了特色冰雪品牌；北京市与黑龙江省相比，虽然雪质条件和气候条件没有优势，但其服务质量高，硬件设施完备，因而对大量的冰雪旅游者产生了吸引力。由此不难得出，在策划与设计具体的冰雪体育旅游产品时，一定要把开发旅游产品依托的资源性质、资源特点、软件设施、硬件设施等因素都列入考虑的范围，从而将资源的独特性发挥得淋漓尽致。

与此同时，策划与设计者应当在充分结合冰雪体育旅游资源以及其他资源的基础上，科学构建出以冰雪体育旅游为主、其他旅游方式共存的旅游模式。举例来说，我国新疆地区充分结合了冰雪旅游资源和少数民族文化旅游资源，对丰富的冰雪节庆活动进行了开发，游客在参与这些活动的过程中，不仅可以欣赏和学习少数民族的文化知识，还能够享受冰雪旅游的乐趣。

从某种程度上来说，利用冰雪体育旅游资源的适当程度对冰雪体育旅游的策划与设计能否成功有决定性作用。要想使冰雪体育旅游资源迸发出巨大的生命力，就一定要开发出特色鲜明的冰雪体育旅游资源。

（三）环境、经济、社会效益协调统一原则

冰雪旅游属于生态旅游的范畴，生态环境是冰雪体育旅游资源赖以存在的物质基础，只有实现环境效益、经济效益及社会效益的协调统一，才能成功开发旅游资源，也才能促进冰雪体育旅游资源的可持续发展。

第三节　冰雪体育旅游的可持续发展策略

一、我国冰雪体育旅游的总体发展策略

《群众冬季运动推广普及计划（2016—2020年）》（以下简称《普及计划》）是我国冰雪体育旅游运动发展的重要指导文件，应按照其要求开展各项工作。《普及计划》有如下几方面的工作任务要求。

（一）大力普及冬季运动文化

《普及计划》要求，充分发挥挖掘冬季运动文化内涵的主观能动性，有效推动冬季体育文化的传播进程。想方设法在冬季体育运动知识发展的基础上，有效加快健康理念的发展速度。我国不仅要大力出版发行高质量的冬季运动类图书，还要积极构建和完善信息传播平台，选择和运用现代科技手段来拓宽冰雪运动知识与冰雪运动文化的传播范围。对综合素质较高的冰雪运动员来说，一定要自觉充当冰雪文化的传播者和推广者，从而使冰雪文化对更多人产生强有力的吸引力。对于各个地区来说，一定要大力支持各类冰雪体育文化活动的开展，使冬季

体育运动文化产品更加多元化。

（二）加大冬季运动场地设施供给

为了满足人们的冰雪运动需求，应积极修建相应的体育场地、场馆。可积极利用一些自然资源，建设临时性的冰雪运动场地，满足群众的冰雪运动需求。还应积极利用新技术和新材料建设一些替代性的体育场馆，如旱冰场。

（三）充分发挥冬季运动社会组织的作用

我国应当大力构建与优化冬季运动社会组织，向群众冬季体育社会组织注入发展动力。想方设法推进群众性冬季体育社团的建设进程，最大限度地满足各类人群的发展需求。

（四）广泛开展冬季项目赛事活动

从根本上加快冬季运动的传播速度与发展速度，确保家庭、社区、农村、企业、单位等均可开展不同形式、不同类型的冬季体育运动，使各类群体在冬季体育运动健身方面的实际需求得到满足。与此同时，开展的品牌活动与赛事应当满足群众参与积极性高以及影响范围大的双重要求，从而将其引导作用与示范作用充分发挥出来。

（五）带动青少年学生积极参与冬季体育运动

开展青少年冰雪普及活动，举办各种形式的青少年冬季体育活动，普及冰雪运动项目。有条件的学校应将冬季体育运动纳入学校体育教学中，鼓励学生积极参加冬季体育运动。

（六）壮大冬季运动推广普及人才队伍

我国应积极实施群众冬季运动推广普及人才培养专项计划，将冬季项目社会体育指导员纳入国家社会体育指导员制度体系，加大冬季运动社会体育指导员培训。鼓励相关高等院校开设相关专业，培养冬季运动人才。应促进冰雪运动人才培养体系的标准化建设。

二、冰雪体育旅游的节庆策略

开展冰雪体育旅游节庆活动的工作是一项综合性工作，所以要在准确把握冰雪体育旅游节庆活动基本规律的前提下，严格依照科学可行的规划，选择和应用科学可行的方式方法，主动推进建设进程与开发进程，具体要点如下。

（一）选好主题

首先，主题要把举办地的历史文化背景和文化特色充分彰显出来。

其次，冰雪体育旅游节庆活动要和举办地的民风民俗充分融合在一起，保证节庆活动参与者可以直观感受到当地的民风民俗。对于绝大多数人来说，民俗是一种弥足珍贵的旅游资源，切身感受各种民俗是人们旅游的主要动机。举办冰雪体育旅游节庆活动，一定要深入研究举办地的民风民俗，通过冰雪体育旅游节庆活动将举办地的民风民俗旅游资源挖掘出来。

最后，要凭借多种方式方法把举办地的经济特色充分凸显出来。详细来说，冰雪体育旅游节庆活动不但要把当地百姓的生活习惯充分体现出来，而且要充分适应当地的物产水平与生活水平。组织和开展冰雪体育旅游节庆活动时，要全面分析和研究举办地的经济特色，保证节庆活动的亮点和创新之处一目了然。

（二）准确定位

节庆旅游参与人群多为年轻人，并且其具有一定的收入，可支付旅游方面的相关支出。另外，很多人进行节庆旅游都是家庭成员共同参与的。冰雪体育旅游节庆具有季节性、地域性和参与性，应进行精确的市场细分定位。

（三）全面营销

冰雪体育旅游节庆活动需要游客积极参与其中，否则就达不到应有的效果。这就需要积极进行营销，吸引更多的人参与其中。举办地应利用各种手段做好营销工作，将冰雪体育旅游节庆活动的时间、内容、特色等方面的内容传播给更多的人，提高人们参与的兴趣。需要注意的是，在传播节庆的信息时，也应注重保持冰雪体育旅游节庆活动的神秘感，牢牢抓住大众的猎奇心理。

（四）精心组织管理

冰雪体育旅游节庆活动会牵涉很多方面的内容，从本质上来说，组织和开展这类活动的过程是一个十分复杂的过程，必须对各个方面的工作精心组织、统筹管理。在开展冰雪体育旅游节庆活动期间，人流及物流会在短时间内快速聚集在一起，狂欢和商机同步出现，这种情况下必须通过精心组织和系统管理来妥善处理好各个方面的问题。组织管理工作应当达到的基础性要求分别是精心组织、统筹安排、系统布局、分工合作，这些基础性要求可以有效提高开展冰雪体育旅游节庆活动的质量和效率。

（五）不断创新

冰雪体育旅游节庆活动的主题应当达到新颖性要求，并在此基础上对其进行坚持不懈的创新，如此才能更加高效地推进冰雪体育旅游节庆活动的发展进程。与此同时，冰雪体育旅游节庆活动要给人带来视觉冲击与思维冲击，要有区别于其他活动的特色，同时坚持调整和创新各个方面的内容，但是活动的核心理念应达到稳定性要求。除此之外，冰雪体育旅游节庆活动要在各个环节都遵循节俭的原则，设法实现"低投入、高回报"的目标，从而使经济效益与社会效益都实现最大化。

三、冰雪体育旅游的营销策略

（一）确定主题

以黑龙江省为例，该省的冰雪体育旅游在国内外都有很高的知名度，其中哈尔滨国际冰雪节和黑龙江国际滑雪节是该省冰雪体育旅游的亮点。冰灯游园会就要做出世界上最好的冰灯；太阳岛雪雕艺术博览会则要做国际水准的雪雕；冰雪大世界则可以把著名的冰雪活动集中在这里，让人们玩得刺激，玩得疯狂。冰雪节活动设计的理念要实现赏冰和玩雪产品的组合、动静产品的组合，增加参与类和体验类产品的组合来丰富游客的体验，让游客在体验的舞台上成为"主角"。

（二）按照游客需求设计旅游产品和服务

对于参与体验式旅游的游客来说，他们往往认为精神产品比物质产品更加弥足珍贵，所以组织者和开展者应当引导游客充当旅游产品的设计者和生产者，为游客和旅游企业之间以及游客与游客之间提供更多交流和互动的机会，如此有助于旅游企业生产出更多适销对路的冰雪体育旅游产品，最终实现利润最大化的目标。与此同时，旅游企业应当通过多种方式方法强化生产能力、减少生产成本，最大限度地抵消体验产品个性化生产导致的规模经济丧失带来的影响。

（三）实施内部营销

一方面，要设法使内部员工深刻体会到工作的乐趣，只有快乐的人才能创造和营销快乐。就直接接触游客的一线员工而言，他们的情绪变化往往会对游客的购买积极性产生直接作用，所以说，他们应通过有形设施以及无形服务来引导和带动广大游客参与到美好的体验中。因此，旅游企业应当大力提高企业员工的综合素质，促使广大员工形成对企业的忠诚与热情。

另一方面，当地市民同样是内部营销对象的关键组成部分，所以要大力调动当地市民参与冰雪节庆活动的主观能动性。利用当地市民的热情和积极性来吸引并打动广大游客自觉充当参与者，当地市民对冰雪的喜爱往往会对外来游客产生巨大的感染力，促使外来游客切身感受良好的氛围。

（四）提供附加产品

虽然附加产品不是体验旅游的核心产品，但是和其他竞争对手的特色产品有很大不同，并且有助于核心产品的效用发挥至最大。一般来说，旅游者在旅游结束后的一段时间内会受到旅游经历余波的影响，旅游企业应当基于这种情况组建旅游俱乐部或网上论坛专区，为广大旅游者提供分享体验以及经验的平台，如此能使旅客对美好体验的记忆得到强化，充分激发旅游者再次出游的需求。诸多实践表明，组建旅游俱乐部或者网上论坛专区，能够在潜移默化中拓宽旅游企业的宣传范围和推广范围，此外能有效调动更多旅游者参与体验旅游的主观能动性。

（五）软硬兼施，营造氛围

游客的第一印象是决定这次体验是否值得回忆的重要因素，而氛围又是使游客产生美好第一印象的前提。氛围的营造首先来自于景区内有形的景观设施和服务设施对游客的感观刺激。在旅游前、旅游中和旅游后所建立的游客与服务系统的互动、游客与游客之间的互动，是构成氛围的"软要素"，它起到使游客加深印象的作用，有时显得更为重要。

举例来说，滑雪前要注意培养客户对滑雪的期盼；滑雪时要注意的是做好服务的每一个环节。由于游客旅游归来的一段时间内会受到旅游经历余波的影响，旅行社可以组织旅游者俱乐部，为他们提供一个交流体验的平台，又能激发其再次旅游的需求。

（六）充分利用旅游纪念品

尽管纪念品的价格比没有纪念价值的同类产品高很多，但因为纪念产品具备回忆体验的价值，所以消费者往往有强烈的购买意愿。从本质上来说，旅游纪念产品本身不失为一种切实有效的宣传方式，因而旅游企业应当精心设计和开发冰雪体育旅游纪念品，将这一特色充分凸显出来。

总而言之，冰雪体育旅游纪念品不但能帮助游客回味体验，而且能有效增强各地区冰雪体育旅游的宣传效果。

四、冰雪体育旅游的形象塑造策略

（一）形象塑造的基本原则

1.整体性原则

冰雪体育旅游目的地的旅游形象是具有综合性特征的形象系统。综合形象由物质景观形象、地方文化形象及企业形象等多个二级系统组成，每个二级形象系统又包含若干三级系统或构成元素，而且综合形象还包含着历史形象、现实形象和发展形象三个方面。因此，在进行旅游形象设计时要使二级形象系统到构成元素的形象设计和旅游地的历史形象、现实形象和发展形象都应围绕总体形象展开，做到与总体形象相统一。

2.差异性原则

每一个冰雪体育旅游目的地都拥有地方特性，所以旅游形象设计环节应当先对旅游地的旅游资源展开全方位分析，通过多种途径把旅游地的地方特性充分凸显出来，此外，要确保冰雪体育旅游产品和同类产品有本质性区别。

3.可行性原则

在开展旅游形象设计活动前，旅游策划者应当认真完成可行性分析工作，为全面实现旅游地形象设计提供保障。与此同时，可行性分析应当贯穿到旅游地形象设计的每一个环节，换句话说，任何一项旅游形象设计都要把最终形成的设计方案的可行性纳入考虑范围内。

（二）冰雪体育旅游地行为形象设计

行为形象包括一个旅游地的内部系统和外部系统对行为形象的具体实现。内部系统包括旅游地环境、员工教育和员工行为的规范化。从调查的数据显示，目前国内的饭店行业在行为形象的内部系统方面做得相对较好，但是景区却做得较差一些，需要加以改善。行为形象的外部系统主要是针对公众和市场展开的，它包括服务活动、促销等。旅游地行为形象是旅游地形象设计的动态识别形式，有别于旅游地名称、标志等静态识别形式。

（三）冰雪体育旅游地形象传播

旅游目的地旅游形象传播是指将各种有关旅游目的地的旅游形象的信息，依据一定的传播原则通过各种形象传播策略，有计划地传递给旅游者，从而影响旅游者行为的双向的沟通活动。

1.冰雪体育旅游地形象传播的要点

（1）在长时间内持续宣传冰雪体育旅游的主题形象，在紧紧围绕冰雪体育旅游主题形象的基础上，集中多方力量推出焕然一新的旅游产品形象。

（2）进一步增强冰雪体育旅游形象宣传的多方位工作，设法使其转变成达到系统性要求的工程。

（3）设法使冰雪体育旅游形象宣传朝着专业化、规范化以及高技术化的方向持续发展。

（4）使冰雪体育旅游形象促销和旅游产品促销充分结合在一起。

（5）要有目的、有针对性地开展冰雪体育旅游形象宣传工作，依据旅游者的需要和偏好进行宣传，为其提供更多帮助。

2.冰雪体育旅游地形象传播的策略

从根本上来说，冰雪体育旅游地形象传播就是信息传播，形象是信息的表现形态。冰雪体育旅游经营者基于旅游产业特点来选择并运用最适宜的信息传播手段，是改善形象宣传效果以及提高旅游目的地营销业绩的一条可行性途径。形象广告、网络传播、公共关系、市场营销、书籍、口碑等传播手段都可以应用于冰雪体育旅游地形象宣传工作中。

第四节　我国冰雪体育旅游发展的实证分析

一、黑龙江省冰雪体育旅游的发展现状

（一）黑龙江省冰雪体育旅游项目的开发现状

黑龙江省冰雪体育旅游发展水平较高，吸引着众多的参与者。冬季体育旅游是黑龙江省经济发展最具潜力的优势项目，得到了当地政府的高度重视。黑龙江运动员在冰雪体育项目中表现优异，涌现了很多世界冠军队员，对我国冰雪运动的发展起到了巨大的推动作用。

就当前来说，黑龙江省的亚布力滑雪场已经演变成世界一流的滑雪场，同时建立了丰富多样的冰雪运动场馆，力求最大限度地满足各种比赛需求。值得一提的是，这些运动场馆还是极为珍贵的人文景观，将建筑美体现得淋漓尽致。

黑龙江省的冰雪体育旅游蓬勃发展，开展了多种形式的冰雪体育旅游节庆活动，吸引了众多游客的参与（表25）。

表25　黑龙江省冰雪体育旅游节庆

名称	主办单位	时间	级别
中国黑龙江国际滑雪节	国家文化和旅游部、省人民政府、哈尔滨市政府	12月	国际
中国哈尔滨国际冰雪节	国家文化和旅游部、省人民政府、哈尔滨市政府	1月	国际
中国漠河黑龙江源头冰雪汽车越野拉力赛	省旅游局、大兴安岭行署	3月	国内
中国佳木斯国际泼雪节	佳木斯市政府	12月	国际
中国齐齐哈尔关东文化旅游节	中国旅游协会、省旅游局、齐齐哈尔市政府	12月	国内

（二）黑龙江省冰雪体育旅游的资源现状

1.自然资源现状

黑龙江省地处我国东北部，是我国位置最北以及纬度最高的省份，这使得该省的冬季寒冷而漫长。冬季降雪量大且雪期长的特征，为黑龙江省开展冰雪体育

旅游提供了条件。除此之外，黑龙江省地理环境多样且包含山川和平原，这种地理环境为冰雪体育旅游的开展提供了相对理想的自然环境。

黑龙江是我国冰雪文化和冰雕艺术的发源地，在我国具有广泛的影响力。11月份，黑龙江气温已经很低，松花江会结冰，人们开采松花江的冰块建起一座座冰雕艺术品，开始一年一度的冰雪狂欢。黑龙江省与俄罗斯接壤，也是亚洲及太平洋地区陆路通往俄罗斯和欧洲大陆的重要通道，具有发展边境旅游特殊的地缘优势。因此，其具有发展旅游业的独特优势。

2.人文资源现状

黑龙江省聚集着我国很多少数民族，各少数民族都在漫长的发展过程中形成了具有鲜明民族特色的冬季体育活动项目，这些独特的冬季体育活动项目都是开展冰雪体育旅游不可多得的资源。以哈尔滨举办的国际冰雪节为例，这是我国首个将冰雪活动设定为主要内容的区域性节日。冰雪节不但具有显著的趣味性特征，而且节日期间举办的各类活动还拥有很大的经济价值与社会价值。

3.基础设施资源现状

从整体来看，黑龙江省的冰雪体育运动发展势态良好，经过多年的发展已经成功间构建出了完善的冰雪体育旅游服务体系。很多滑雪场相继在黑龙江省建立，与之相关的旅游接待措施同样在日益完善（表26）。

表26　黑龙江省滑雪场等级现状

质量等级	雪场名称	所在城市
SSSSS	黑龙江亚布力滑雪场	牡丹江市
SSSSS	帽儿山滑雪场	哈尔滨市
SSS	二龙山龙珠滑雪场	哈尔滨市
SSSSS	哈尔滨吉华长寿山滑雪场	哈尔滨市
SSS	阿城平山神鹿滑雪场	阿城市
SSS	尚志华天乌吉密滑雪场	尚志市
SSS	上京国际滑雪场	尚志市
SSS	佳木斯卧佛滑雪场	佳木斯市
SSS	黑河龙珠远东国际滑雪场	黑河市
SSS	伊春铁力日月峡滑雪场	伊春市

早在2010年，黑龙江省国内外旅游接待人数已经过亿人次，开拓了俄罗斯、日本、韩国等周边国家市场。目前，到黑龙江省进行冰雪体育旅游的外国游客来自60多个国家，并且游客人数还在不断增加。在每年春节期间，很多人会选择去

南方避寒，但也有很多人前往黑龙江，去感受与众不同的冰雪天地。

二、黑龙江冰雪体育旅游发展中的问题

（一）科学统筹及指导工作匮乏

冰雪体育旅游产业是黑龙江冰雪体育产业的一个关键方面。然而，许多当地企业在发展过程中为实现经济收入最大化而持续扩大企业规模，但未能全方位地考虑基础设施建设、安全性与经营管理，进而相继出现了很多问题。从某种程度来说，这些问题的产生和政府在行使职能过程中未能实施科学的统筹管理以及规划性指导有很大关系，最终出现了多个方面参差不齐的问题。这些问题不但会造成不良竞争，还会衍生出大量浪费社会资源的问题。

（二）基础设施不完善

黑龙江冰雪体育旅游要想快速发展，就必须有充足的资源以及完善的基础设施建设作为保障。良好的冰雪体育旅游应当向广大旅游者提供优良的环境，由此使人们获得较好的体验。综合分析黑龙江省冰雪体育旅游的发展进程能够发现，在每年旅游总量持续增加的情况下，基础设施并不能充分满足广大游客的实际需求。在现代人实际需求日益多样的情况下，当地政府应当想方设法满足各类人群的实际需求，对广大群众的需求进行分类，从而有针对性地满足人们的需求。

通常情况下，冰雪体育运动会选择一些偏远地区开展，如此必然会增加相应服务工作的整体难度。除此之外，因为黑龙江省地处我国东北地区，所以广大游客前往冰雪体育旅游胜地往往需要耗费很多时间，这使得参与黑龙江省冰雪体育旅游活动的游客大多来自位于黑龙江省周边的国家和地区，来自我国东南沿海经济发达地区的游客很少。

（三）专业人才数量有限

黑龙江省要想促使冰雪体育旅游实现可持续发展目标，同时拥有更大的市场竞争力，重中之重就是引进人才、强化专业化服务，但当前黑龙江省冰雪体育旅游经营管理的综合型人才很少。举例来说，滑雪运动中的很多指导人员并没有丰富的工作经验，难以就游客的人身安全提供切实可行的意见，所以很多游客会觉得黑龙江冰雪体育旅游的服务水平不高，这无疑会影响冰雪体育旅游的发展。

（四）环保意识有待增强

冰雪体育旅游产业以当地资源为基础，在发展过程中应坚持绿色发展。冰雪体育旅游产业是一种低碳环保的产业，具有良好的经济效益和社会效益。但是在黑龙江省冰雪体育旅游产业发展过程中，大量森林被砍伐，大面积的绿地被占用。在发展过程中，日常垃圾也处置不当。这不利于黑龙江冰雪体育旅游产业的持续发展。

（五）对旅游资源的认识程度较低

黑龙江很多地区注重发展工农业，对于体育旅游产业的开发不重视，对于体育旅游资源的认识不足。而有些地区在体育旅游产业发展过程中，盲目跟风，缺乏发展的规划性。这在一定程度上减慢了黑龙江省的天然旅游资源转化为竞争优势的步伐。

冰雪体育旅游产业相应而言是一种新兴产业，我国对于这方面的理论研究相对较少，研究不够深入，这也在一定程度上影响了冰雪体育旅游产业的发展。

（六）省内生态环境日渐脆弱

在黑龙江省冰雪体育旅游的发展过程中，无序发展与盲目发展使得省内生态环境遭到了严重破坏，如建设滑雪场使地下水资源被过度开采，工业发展过程中也会引发生态环境污染问题，这些都会对冰雪体育旅游的可持续发展产生负面影响。

（七）旅游季节性强

由于冰雪体育旅游的发展必须依赖冰雪资源，所以就出现了旺季游客量猛增、淡季经营惨淡的情况。从整体来说，黑龙江省冰雪体育旅游的旺季是在冬季，但冬季的春运期间交通拥挤，使得很多需要长线旅游的人望而却步。然而，冰雪体育旅游企业在淡季则会面临经营难、效益低的问题，无法形成良性循环。

三、黑龙江省冰雪体育旅游的发展策略

（一）树立新的发展理念

在冰雪体育旅游的发展过程中，一定要反复重申环保与节约的必要性，保证

黑龙江冰雪体育旅游朝着可持续发展的方向发展。在发展过程中，当地政府应当坚持归纳和吸取发展过程中的经验教训，同时密切联系市场发展的实际状况来革新各项发展理念。作为政府管理部门，一定要主动而科学地拓展国内市场与国外市场。

尽管黑龙江省的冰雪体育旅游资源十分丰富，但生态环境要比其他地区脆弱很多，所以在开发冰雪体育旅游资源的过程中要保证旅游资源与环境始终保持可持续发展。此外，相关部门应进一步加大环境整治力度和环境保护力度。

针对冰雪体育旅游发展过程中出现的环境污染问题，相关组织或者部门一定要把污染整治工作的重点置于控制污染的环节，借助减少与控制污染源以及加大宣传力度等措施来妥善处理好各项问题。与此同时，要进一步强化广大游客以及当地居民保护冰雪体育旅游资源的意识，建立健全有关的冰雪体育旅游管理体系。除此之外，开发冰雪体育旅游资源的过程中要积极和有关部门协作，从而使得旅游地区的基础设施建设更加完善。

（二）促进基础设施建设

政府应进一步加大基础设施建设以及监管力度，在基础设施方面进行更多的经济投入。与此同时，政府应坚持遵循以人为本、服务为民的原则，充分调动相应部门工作的积极性，提高黑龙江省冰雪体育旅游产业的竞争力。促进冰雪体育旅游服务体系建设的要点如下。

1.加强硬件设施建设

各冰雪体育旅游区应加强各自特色冰雪体育项目和冰雪娱乐项目设施的建设，满足游客最基本的需求，让游客"有的玩""愿意玩"；同时完善餐饮、住宿、购物等硬件设施建设，让游客在旅游区内就能享受全方位服务。

2.完善冰雪体育旅游接待体系

加强对旅行社、俱乐部等冰雪体育旅游中介机构的扶植，为来此进行冰雪体育旅游的游客提供及时周到的旅游接待服务。同时，在机场、火车站、长途汽车站等交通场所设置旅游服务台，为散客提供咨询、票务、导游等服务。

3.加大市场监管力度

各级政府主管部门应加强对冰雪体育旅游市场的监管，保证行业的有序竞争和消费者权益受到保护，稳定冰雪体育旅游市场的秩序，全面提升服务水平。

4.开展综合开发，强化冰雪体育旅游设施的全年利用

单纯的冰雪体育旅游企业往往存在效益不高甚至亏损的问题，这是因为冰雪体育旅游设施及场地有季节性闲置问题，达到综合利用要求以及全年运营要求的企业少之又少。基于这种情况，就必须在提高冰雪体育旅游设施和场地的利用率上多下功夫：首先，要加大夏季旅游观光的开发力度，充分利用冰雪体育旅游的住宿、餐饮、缆车等设施；其次，从根本上提高滑雪场地的利用率，如借助滑雪场地开展滑草项目、登山赛以及高山冲浪等项目，不断加大种植业的发展力度，坚持不懈地完成旅游环境的美化工作以及绿化工作；最后，加大对各类培训项目的开发力度，如体能训练项目等。

（三）促进专业人才的培养

因为专业人才是发展冰雪体育旅游资源的主力军，所以发展过程中要大力提高从事相应工作的人员的综合素养，鼓励这些人员积极总结和归纳工作经验与工作方法。与此同时，要积极组合和安排相应的从业人员积极参与各种培训活动，使他们的专项能力得到有效增强。要想使冰雪体育旅游朝着科学化和规范化的方向发展，就必须加大对专业人才的培养力度。

积极开展增强从业人员服务能力的培养活动有深远意义，原因在于从业人员服务能力差是阻碍现阶段冰雪体育旅游发展的一项因素。为此，在发展过程中一定要加大冰雪体育旅游从业人员的队伍建设力度，积极开展针对导游、教练员、活动志愿者的培训活动，从而使整体服务水平获得大幅度提升，最终为广大游客提供更加优质的服务。

（四）进一步扩大宣传，提高旅游资源的知名度

体育传播之所以可以对冰雪体育旅游的发展产生深远影响，是因为大众传媒可以为冰雪体育旅游培养大批量的受众，使冰雪体育旅游的社会发展空间得到充分拓展。在大众传播媒介充分发挥自身作用的情况下，冰雪体育旅游的社会化进程、娱乐化进程、产业化进程、全球化进程都会大大加快。因此，在发展冰雪体育旅游的过程中一定要把大众传播媒介的作用发挥得淋漓尽致。

要进一步提高体育旅游资源的知名度，黑龙江省相应的部门或组织就应充分发挥现代媒体与通信设备的作用，从而将省内所拥有的独特而丰富的冰雪体育旅游资源介绍给更多的观众。通过宣传力度的逐步加强，进一步吸引大量冰雪体育

旅游的游客，从而推动冰雪体育旅游的飞速发展。同时，黑龙江省还应拓宽宣传渠道，利用现代网络和多种传播媒介来宣传冰雪体育旅游，突出自身的特色，让更多人参与冰雪体育旅游。

在对冰雪体育旅游进行推广时，应注重现代传播工具的运用。现代社会具有"定制化"趋向，在大数据技术下，网络可根据人们的喜好来进行广告的显示，从而使得广告受众更加具有针对性，这无疑提高了广告的效果。立体化广告传播策略被人们所倡导，通过电视、网络、广告牌、地铁广告等多种媒体来整合显示同样的信息，能够给消费者留下更加深刻的印象，地域消费者的购买行为将会有更深刻的影响。

（五）依据市场进行科学合理的开发

市场是在发展冰雪体育旅游产业时需要考虑的重要因素之一，只有具有市场，冰雪体育旅游产业才会具有良好的发展空间。如果没有游客参与其中，冰雪体育旅游业就无所谓发展。因此，应注重对市场进行合理开发。首先利用现代营销学的科学理论对消费者进行动机和需求的分析，了解消费者的需求。在此基础上通过积极的宣传推广吸引消费者，针对消费者的喜好开发相应的冰雪体育旅游产品。

（六）进一步突出冰雪体育旅游资源特色

黑龙江省在开发冰雪体育旅游资源的过程中，一定要把地方冰雪体育旅游资源设定为基础条件，同时密切联系当地的民风民俗以及居民生活习惯来开发富有创意的冰雪体育旅游项目。

（七）资源整合、统筹规划

要想从根本上解决黑龙江省各地区冰雪体育旅游发展过程中内容重复的问题，各地区应当积极协作、统筹规划，采取多元化的方式方法将本地区优势资源的积极作用充分发挥出来，从而使各地区的冰雪体育旅游项目具有鲜明的地区特点。在统筹规划以及优化布局产业发展结构的基础上，推动冰雪体育旅游实现可持续发展。各个地区应当相互学习、协同发展。

第五节 "京张"体育旅游产业的发展

一、"京张"体育旅游产业的发展现状

张家口市体育旅游产业资源十分丰富，同时拥有独特的始祖、冰雪、长城和军事等地域文化，资源密集、特色鲜明、保存完整且潜力巨大，对于引进首都北京的资金、人才和项目等各类要素有着很强的吸引力。首都北京作为首都经济圈的核心，拥有最优秀的文化理念、文化人才、文化业态和最广阔的文化市场。近年来，张家口不断推进文化产业与旅游产业、体育产业和生态产业的融合发展，全市体育旅游业借助其丰富的旅游资源开展了多项民族传统体育旅游项目、专项体育旅游项目和大众体育旅游项目。

举例来说，张家口依托独特的滑雪、温泉、草原、山林和文化等资源，持续加大文化旅游业的发展力度，特别是将滑雪旅游产业当成主导，持续增加滑雪旅游产业的培育力度和壮大力度，成功打造出了滑雪旅游产业集群。以坝上县区为重点，利用其草原广阔和生态优美等优势及草原天路的影响力，大力发展以天路自行车和汽车露营等为主题的草原特色体育产业。合理利用下花园、宣化、琢鹿及蔚县的山地资源、水文资源和历史民俗的优势，重点发展户外山地和健身旅游等产业。这些体育旅游项目都拥有十分鲜明的特色，同时真正达到了将自然和人文、观赏以及体验充分融合在一起的要求，不仅对不同需求的游客产生了巨大的吸引力，还使得群众文化生活朝着更加多元化的方向发展，从根本上加快了当地社会经济的发展速度。

二、"京张"体育旅游产业的发展问题

虽然张家口市体育文化旅游已经取得了一定的发展成果，但依旧比国内外先进地区要落后很多。此外，和京津冀协同发展及冬奥会的要求也有很大的现实差距。在多重历史因素的影响下，张家口市是河北省对外开放时间最晚的城市，所以从很早开始就存在经济发展速度慢、社会生产力水平有待提升的问题，在这种大背景下必然会加大张家口体育旅游产业的发展难度，同时相继出现了体育旅游产业资源布局不合理、开发与管理的规范程度不高、体育文化旅游基础设施有待完善、服务的整体水准偏低、宣传推介未达到专业化要求等问题。这些有待解决

的问题都是造成张家口体育文化旅游资源严重浪费的重要原因，都或多或少地阻碍了张家口体育文化旅游产业的发展进程。

三、"京张"体育旅游产业的发展对策

要想推动"京张"体育旅游产业健康发展，需要北京市和张家口市乃至北京市、河北省以及张家口市相互协作、相互配合，通过多元化途径来凸显产业共建、产业共融和产业共享，推动体育旅游产业演变成协同发展的崭新成果、绿色崛起的崭新支撑以及携手举办冬奥会的崭新亮点。

（一）政府主导，市场运作

构建"京张"体育文化旅游产业带，应大力发挥政府部门的主导作用，以北京为主体，建立共同推进产业带发展的组织机构，采取市场运作的办法，吸引各类市场主体投资产业带建设。发展"京张"体育文化旅游产业带，政府部门应从京津冀深化战略合作的层面，加快制订"京张"体育文化旅游产业带总体规划；从北京携手张家口联合举办2022年冬奥会的角度，科学合理地确定产业带的整体布局和功能定位。两地政府应该为其发展提供优良条件，制定完善的保障扶持政策和管理策略，要特别加强政府对产业带发展的综合协调、宏观指导和市场监管。要加大对体育文化旅游的宣传和推广，加强对人才培训和公共服务的支持力度，对重点的体育文化旅游项目给予政策支持，并从产业政策、财政和信贷等多方面为体育文化旅游产业这个新的经济增长点提供动力和保障。基于政府主导这个基础条件，创造出对公平竞争与开拓创新有积极作用的新政策环境，全面引入市场主体以及社会资本，自觉充当体育旅游产业发展的参与者。

（二）产业搭台，经济唱戏

以产业带建设作为重要依托，促使经济发展过程中的体育文化旅游内涵更加丰富，深刻领会和重视体育旅游产业的经济作用，从而为北京市和张家口市的经济转型发展尤其是张家口市脱贫致富提供强有力的支撑。在大力发展体育旅游产业的过程中，一定要设法培育出集"京张"特色于一体的旅游景点品牌，坚定不移地开发出能够满足各类人群多元化需求的体育旅游产品，借助多种方式方法拓宽体育旅游市场，对相关产业的发展产生强有力的带动作用。在具体开发的过程中，一定要把各区域间成片开发设定为一个工作重点。举例来说，可以将冬奥会

雪上项目举办地延庆和崇礼的冰雪运动产业设定为龙头，带动周边赤城和沽源的冰雪运动发展，建成以精品雪场、冰雪竞赛表演和休闲度假为支撑的冰雪体育产业集聚区。在发展体育文化旅游产业的同一时间内，也可以把体育文化旅游产业、城市推介和招商引资等充分结合在一起，充分发挥体育旅游活动的平台作用，进一步加大体育旅游产业和经济的融合力度，从而在社会经济的发展过程中注入巨大动力。

（三）突出特色，打造品牌

在构建"京张"体育旅游产业带的过程中，一定要坚定不移地加大挖掘和整合各类资源的力度，不断拓展"京张"体育旅游产业的宣传范围和推介范围。要想实现扩大体育旅游产业影响力的目标，就必须科学打造地域文化品牌，具体就是凭借宣传手段、包装手段、开发手段以及营销手段等打造出具有巨大影响力的文化品牌，最终达到延伸品牌价值的目标。

首先，要加大对大型国有体育文化旅游企业以及创新力与竞争力都强的体育文化旅游单位的宣传力度，设法使对外交流的体育文化旅游品牌朝着更加强大的方向发展，最终使其国际竞争力得到有效增强；其次，要充分依托体育赛事、艺术表演、旅游展销和对外宣传等多种形式，增进对外体育文化旅游产业的交流和沟通。通过组织和开展形式多样的活动，使世界各国人民对产业带的体育旅游品牌和产品形成更加深刻的认识；最后，要充分发挥国内外有巨大影响力的广告媒体的作用，循序渐进地增加对外宣传推介的力度，促使冰雪体育旅游产业的认知度得到质的提升。就张家口市而言，一定要提高利用自身区位优势的效率，唱好京戏、打好京牌，深化与北京院校、文化企业和科研院所的战略合作，借势借力发展壮大体育旅游产业。

（四）创新驱动，促进升级

依托新兴技术，推动体育旅游产业的升级进程，慢慢由低附加值转变为高附加值。作为政府，一定要大力支持创新人才与科技手段的应用，从根本上加快"京张"体育旅游产业升级的整体速度，设法使体育旅游产业的附加值与产出效益都实现最大化。深刻认识到创新人才资源是难能可贵的文化资源之一，在同一时间段内加大培养力度和引进力度，促使创新人才队伍更加壮大。建立健全创新人才创业机制、分配机制和创意成果转化机制，鼓励一些拥有特殊技能和自主知识产权的人才以知识产权入股。安排必要的专项资金，加大创新人才的培养和引进力度。加强与国际国内学术机构的联系与交流，引进文化经营公司和企业，学习转化先进的经营理念和运作模式，提高体育文化产业的创新能力。

"京张"体育旅游产业融合发展是一个必然事件。怎样牢牢抓住崭新的历史发展机遇，推进"京张"体育旅游产业的发展进程，应当是学术界以及决策者密切关注和深入探究的问题。体育产业和旅游产业通过制度、资本、技术、产品和市场等各个层面的相互渗透、交叉和融合，逐步发展成为集聚集群发展的新型业态，能够获得更强的生命力、更大的关联性和更高的融合度，存在"1+1 > 2"的潜力。

参考文献

[1]邢中有.我国体育旅游产业集群竞争力提升研究[M].北京：中国水利水电出版社，2017.

[2]石晓峰.体育旅游与野外生存[M].北京：北京体育大学出版社，2017.

[3]黄海燕.体育旅游[M].北京：高等教育出版社，2016.

[4]夏贵霞，舒宗礼.体育旅游开发理论与实践研究[M].北京：九州出版社，2015.

[5]陆邦慧.体育旅游的现状调查与对策研究[M].北京：中国文史出版社，2014.

[6]尹昊.体育旅游概论[M].北京：北京体育大学出版社，2014.

[7]谢经良.体育旅游资源开发与管理[M].北京：中国书籍出版社，2014.

[8]闫立亮，李琳琳.环渤海体育旅游带的构建与大型体育赛事互动的研究[M].济南：山东人民出版社，2010.

[9]杨东明.我国体育旅游市场的开发策略研究[J].中国商贸，2009（09）：50-59.

[10]李博，叶心明.体育旅游者行为影响因素分析[J].体育科技文献通报，2013（04）：99-101.

[11]张云生.我国体育旅游市场开发现状与对策研究[J].新西部，2010（09）：64-68.

[12]崔振海，宁昌峰.体育旅游资源开发的机遇与挑战[J].当代体育科技，2017，20：230-232.

[13]李锦.体育旅游安全研究[D].长沙：湖南大学，2013.

[14]刘凤香.论体育旅游安全体系的构建[J].军事体育进修学院学报，2005（03）：52-54.

[15]柳伯力.体育旅游概论[M].北京：人民体育出版社，2013.

[16]陶宇平.体育旅游学概论[M].北京：人民体育出版社，2012.

[17]张新民.内蒙古自治区高校体育教师人力资源管理现状研究[D].北京：北京体育大学，2012.

[18]陆俊波.体育人力资源管理创新与能力的提升策略探究[J].宏观经济管理，2017（S1）：140-141.

[19]田华.张家口市普通高等院校体育人力资源开发研究[D].石家庄：河北师范大学，2017.

[20]张丽梅.冰雪旅游策划[M].哈尔滨：哈尔冰工业大学出版社，2011.

[21]沈琛，白云霞，师彩霞，等.京张体育文化旅游产业带发展策略研究[J].河北北方学院学报（社会科学版），2016，132（02）：11-13，24.

[22]迈克·维德，克里斯·布尔，布尔.体育旅游[M].戴光全，朱竑主，译.天津：南开大学出版社，2006.

[23]吴国清.旅游资源开发与管理[M].上海：上海人民出版社，2010.

[24]国英男，关吉臣.东北地区体育旅游资源开发研究[J].教书育人，2013，30：32-33.

[25]徐金庆，高洪杰.东北地区体育旅游整合研究[J].山东体育学院学报，2010（05）：35-38.

[26]胡承志，黄贵龙.东北地区体育旅游资源开发研究[J].经济论坛，2006，13：17-18.

[27]姜付高.浅议体育旅游生态化建设[J].曲阜师范大学学报（自然科学版），2002（04）：114-116.

[28]赵意迎.环境保护与体育旅游业的可持续发展[J].山东体育科技，2005（04）：53-55.

[29]袁书琪.试论生态旅游资源的特征、类型和评价体系[J].生态学杂志，2004（02）：109-113.

[30]李雪.国内外旅游生态安全与预警研究综论[J].中国旅游评论，2016（04）：95-104.

[31]李青山，李伟.对我国体育旅游发展的理性思考[J].辽宁体育科技，2005（04）：7-8.

[32]傅伯杰.AHP法在区域生态环境预警中的应用[J].农业系统科学与综合研究，1992（01）：5-7，10.

[33]张健.自然景区生态安全预警指标体系与方法研究——以杭州天目山自然风景区为例[D].杭州：浙江大学，2009.

[34]曾琳.旅游环境承载力预警系统的构建及其分析[J].燕山大学学报，2006（05）：463-467.

[35]杨春宇，邱晓敏，李亚斌，等.生态旅游环境承载力预警系统研究[J].人文地理，2006（05）：46-50.

[36]游巍斌，何东进，覃德华，等.世界双遗产地生态安全预警体系构建及应用——以武夷山风景名胜区为例[J].应用生态学报，2014（05）：1455-1467.

[37]曹新向.基于生态足迹分析的旅游地生态安全评价研究——以开封市为例[J].中国人口·资源与环境，2006（02）：70-75.

[38]赵新伟.区域旅游可持续发展的生态安全预警评价研究——以开封市为例[J].平顶山工学院学报，2007（06）：13-17.

[39]霍松涛.旅游预警系统的初步研究[J].资源开发与市场，2008（05）：230，232.

[40]王静，祝喜.旅游安全预警的相关研究[J].浙江旅游职业学院学报，2009（03）：3-7.

[41]陆均良，孙怡.水利风景区生态信息构成与生态预警控制研究[J].水利经济，2010（06）：53-56.

[42]赵永峰，焦黎，郑慧.新疆绿洲旅游环境预警系统浅析[J].干旱区资源与环境，2008（07）：144-149.

[43]刘振波，倪绍祥，赵军.绿洲生态预警信息系统初步设计[J].干旱区地理，2004（01）：19-23.

[44]胡伏湘.基于GIS技术的旅游景区生态预警系统研究[J].软件，2011（12）：1-3.

[45]闫云平，余卓渊，富佳鑫，等.西藏景区旅游承载力评估与生态安全预警系统研究[J].重庆大学学报，2012（51）：92-98.

[46]王汉斌，李晓峰.旅游危机预警的BP神经网络模型及应用[J].科技管理研究，2012，24：209-213.

[47]于素梅.体育旅游资源开发研究[D].开封：河南大学，2005.

[48]彭菲.建立山地户外体育旅游开发标准的思考[J].体育成人教育学刊，2016（03）：24-27.

[49]张素婷，许军，张涛.中国西部山地户外运动资源开发现状探析[J].四川体育科学，2017（03）：104-106.

［50］彭佳姝.户外旅游活动游客需求特征及其运作模式研究［D］.南京：南京师范大学，2012.

［51］姜梅英.中国山地户外运动风险防范机制研究［D］.北京：北京体育大学，2013.

［52］马雁骏.沿海发展战略视域下滨海体育休闲旅游的研究现状与发展态势分析［J］.市场周刊（理论研究），2015（12）：37-38.

［53］刘海清.我国滨海体育的现状和发展模式［J］.体育学刊，2011（03）：53-58.

［54］姜付高，曹莉，孙晋海，等.我国滨海地区体育旅游资源禀赋、丰度与绩效评价研究［J］.天津体育学院学报，2016（04）：277-282.

［55］赵金岭.我国高端体育旅游的理论与实证研究［D］.福州：福建师范大学，2013.

［56］柳伯力，陶宇平.体育旅游导论［M］.北京：人民体育出版社，2003.